我的青春我的梦

全国中学生校园美文精品集萃丛书

马上单衣，风前侧帽，晓行前路犹轻问

你有一万个理由守护梦想

《中学生博览》杂志社 选编

时代文艺出版社

图书在版编目（CIP）数据

你有一万个理由守护梦想 /《中学生博览》杂志社选编．—长春：时代文艺出版社，2018.8（2023.6重印）
（“我的青春我的梦”全国中学生校园美文精品集萃丛书）

ISBN 978-7-5387-5668-5

Ⅰ．①你… Ⅱ．①中… Ⅲ．①作文－中学－选集 Ⅳ．①H194.5

中国版本图书馆CIP数据核字（2018）第000162号

出品人 陈　琛
产品总监 郭力家
责任编辑 刘　兮
装帧设计 李　斌
排版制作 隋淑凤

你有一万个理由守护梦想
《中学生博览》杂志社　选编

出版发行 / 时代文艺出版社
地址 / 长春市福祉大路5788号　龙腾国际大厦A座15层　邮编 / 130118
总编办 / 0431-81629751　发行部 / 0431-81629758
官方微博 / weibo.com / tlapress
印刷 / 北京一鑫印务有限责任公司
开本 / 700mm × 980mm　1 / 16　字数 / 153千字　印张 / 11
版次 / 2018年8月第1版　印次 / 2023年6月第5次印刷　定价 / 34.80元

编 委 会

目录

你有一万个理由守护梦想

我们都是不一样的烟火 .... 杜克拉草 / 002
梦想并不遥远 .... 蒋一初 / 004
为了将来的回忆 .... 木　芙 / 008
你有一万个理由守护梦想 .... 刘　筱 / 011
哥斯拉不说话 .... 落桑陌陌 / 013
没关系，我们执着啊 .... 马佳威 / 017
妹妹们请记住 .... 石　悦 / 021
艺术生，请你们好好保重 .... 苏　航 / 023
疯子在右 .... 随　宜 / 027
我们不是上帝的宠儿 .... 依　林 / 032
十七岁的梦想很倔强 .... 袁旭飒 / 035

唯有妈妈不后悔

唯有妈妈不后悔 .... 胡与真 / 042
如果夕阳再久一些 .... 华　美 / 046

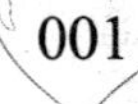

其实我很想你 .... 荒芜痕 / 051
肥妈是怎样炼成的 .... 黄天煜 / 055
让我再多爱你几年 .... 君　夕 / 058
亲爱的笨妈妈，对不起 .... 米釉质 / 061

有一种回忆叫青春

袜子玩偶爱丽丝 .... 小妖寂寂 / 066
雨季过境 .... 暖　夏 / 073
长夜 .... 晞　微 / 081
盂曦 .... 夏　色 / 088
有一种回忆叫青春 .... 咸泡饭 / 093
记老乔的一次失恋 .... 小太爷 / 098
谱写着没有结束的故事 .... 小　雪 / 103
夏虫不语冰 .... 迟雨落 / 107

别担心天空不会蓝

我曾做过小偷 .... 佟　菲 / 118
别担心天空不会蓝 .... 蒋一初 / 120
老房子 · 新房子 .... 孔　蕤 / 122
亲爱的暑假先生，我想跟你说声对不起 .... 李敏佳 / 124
安然的十六岁 .... 浅步调 / 126
你才是阿姨 .... 壬　岁 / 131
我们一定是抽风了 .... 舒　木 / 135
随风浮沉 .... 水　而 / 140

情绳 .... 随　宜 / 142

女汉子的玻璃心 .... 二　笨 / 145

我想当一回你的天使

哪里还有第二个你 .... 惟　念 / 152

隔了一座山的少年 .... 唐　糖 / 155

我想当一回你的天使 .... 天　蓝 / 158

如果有明天，祝福你，亲爱的 .... 旺　发 / 161

女中豪“洁” .... 巫小诗 / 163

拎着气球，上帝唤我孩子 .... 羊拇指 / 166

你有一万个理由守护梦想

梦想，是能让你在黑暗中继续前进的力量，是《肖申克的救赎》里男主角逃出监狱后的爆发。一个人的价值不仅仅是靠收入、智商、学历、三围来衡量，还有更多被我们忽略的价值潜藏在我们的体内。有时候，你甚至都无法想象，一颗勇于坚持梦想、坚持自己见解的心可以创造出怎样一番奇迹。

我们都是不一样的烟火

杜克拉草

在我还在绞尽脑汁咬着笔头在心底把三角函数一家子挨个儿骂了个遍的时候，H已经考上了香港大学去修教育学士了。

H是我初一时班里最有才华的女生，她初一写的作文高中生都不一定可以写得出来，她的英语说得跟磁带播放得那般流利，她的数学几乎次次得满分……要真说唯一的不好，就是她没有倾城的容貌和高挑的身材，起码初一的时候是这样子的。

H是个爱笑的女孩儿，在她还没开口说话之前她的嘴角先扬起标准的四十五度，也总爱梳着20世纪80年代的女学生发型。当她考差了会对着校门口那棵大树拳打脚踢，偶尔买了一大堆零食被老师撞见会迅速塞给旁边的同学，然后扬起她的招牌笑容。

H是在初一的寒假还是暑假转去香港的我记不清了，她并没有跟我们一一告别，也没有告诉我们她要离开。她转走的消息是班主任在开学第一堂课告诉我们的，当时一听她以后都去香港读书了班里一片唏嘘。后来没过几天，校领导给我们带来她的消息：她以298.5的分数（满分300分）成功被香港的一所中学录取了。以至于到现在她理所当然地成为了学校每次招生的门面招牌。

其实H的优异成绩是在我意料之内的，我诧异的是她居然比我早一年结束了高中生活。她转去香港的时候，因为教学进度不同而重读了一年初一，我一直以为就算自己不比她优秀，但能比她早进入大学、早踏入社会。殊不知，在这五年的杳无音信中，她先后跳级两次，如今已进入梦寐以求的大学，而我却还在高考的深海中苦苦挣扎。

这个世界上像H那样的人才大有人在，却也不缺少像我这样的平凡之人。没有一眼就足以让人记住的外貌和高挑的身材，没有满肚子的墨水能出口成章，只有每天挣扎在一米六边缘的身高，报个志愿要斟酌许久还担心着不被录取，照着镜子幻想着脸上的痘痘雀斑都通通消失。

相比之下，这个世界有太多的东西让我们羡慕。

你羡慕别人成绩比你好，却不知道人家在背后付出了多少；你羡慕别人唱歌好听，自己却从来不敢开口；你羡慕人家年纪轻轻舞跳得好，却不知道在你玩泥沙的时候人家为了学好一个舞步而摔得鼻青脸肿；你羡慕别人皮肤比你嫩，却不知道人家往护肤这里砸进了多少钱……我们羡慕那些光鲜华丽的表层，却从来都不愿去了解每一个华丽的背后会有怎样的辛酸。

某天在初中的讨论组上发现H正用英语跟其他同学聊得甚欢，我用最快的速度打了一连串的英语但最终还是选择默默地按了删除键，重新换成了中文。这一次，不是自卑，而是觉得没有必要为了迎合别人而改变真实的自己。

H终究是我羡慕不来的，很多时候世界上的事物往往是相对的，我们在羡慕着别人，却也正被别人羡慕着。我羡慕H在灯红酒绿的香港绽放光芒，而她也羡慕我在这古朴的南方小镇中执笔奋斗的惬意。

爱笑的女孩儿运气不会太差，但我们也要记住的是，努力的人运气也不会太差，因为，越努力越幸运。我们希望能遇见更好的自己，但在那之前，请感谢每一刻真实的现在，接受此刻不美好的自己。

其实我们每个人都是不一样的烟火，在同一片天空之城演绎着独自的精彩。而H，也只是跟我们不一样的烟火罢了。

梦想并不遥远

蒋一初

1

中考前那会儿我们都在忙各种事宜，写同学录、照毕业照，最重要的就是冲刺阶段的复习。在我们这些中等生还在纠结是否考得上重点的时候，二师弟得到了武汉那边的录取通知，她提前解放了。

二师弟的文化课成绩也是“中流砥柱”中的一员，班主任见到中等生犯错骂得都挺狠。有段时间二师弟的人品掉了一地，总是被班主任骂得头抬不起来。这下子好了，她要去武汉音乐学院附中了，班上出了个小钢琴家，班主任笑得满脸肥肉堆在了一起。

“真恶心，她当初骂人的时候绝对没想到你能干出这么大的成绩！”我一脸鄙视地看着正在报喜的班主任。

“声音小点儿，给她听见了可不得了。”二师弟用笔戳了戳我的后背。

我们几个长期性别错乱，二师弟是女的，我这个大师兄也是女的。因为叫起来特别有爱，所以就一直这样叫下来了。

二师弟的全国性钢琴考试是在初三下学期开学前举办的，所以她逃掉了我们的全市性开学统考。她说，统考的那三天她一直在唱一首歌：“今天是个好日子啊，心想的事儿都能成……”我捧着依旧中流的试卷白了她一眼：“你积点儿德成不成啊？”

不过除了我和师父，班上没有人知道二师弟是通过怎么样的努力才取得全国第一这样棒的成绩。二师弟坐在我后面，我翻她的笔袋翻到了一张小纸条，上面写着：“加油！势必拿下武音附中！”一不小心触碰到二师弟的梦想，那张纸像烙铁一样烫了我的手心，我能感受到，二师弟追赶梦想的脚步是那样急促、强烈。

在临近钢琴考试前，二师弟对我说：“如果考不上，我就去死。”那时我想不到用什么样的心态去面对几近疯狂的二师弟，不过现在明白了，这叫置之死地而后生，只有把自己逼进绝路才能激发出自己最大的潜能。所谓，绝处逢生。

2

“你说你这么早就解放了，我可怎么办？一中啊！”师父特痛苦地问二师弟。

“师父啊你怎么可能考不上一中啊！”我一点儿都不担心师父的。

二师弟露出一个特贱的表情：“考不上一中你去二中呗。”

“那是要出人命的啊！考不上一中我就不念啦！”

师父是很独立很优秀的女子，小升初她以全市第一的成绩进入了这所百年学府，初升高，她想踏入另一所百年学府。哦，不是想，是必须。

初见师父，我就被她的魅力折服了。不因为别的，只因为她给我的感觉。后来我对她说：“我那时特别想接近你，但你给我的感觉就像女神一样高傲而遥远。”师父很惊讶：“你怎么可以有这么奇怪的想法？”因为你太优秀。这句话我一直没有说出来，因为现在看来，成绩不会成为我们之间的距离。

我在文章里这样写师父：“你是我那时那么美好的信仰。”师父看了我写给她的文章后，哭了很久很久。她说："你从未真正了解过我，正如我从未真正了解过你。"这是多么悲伤的一句话，我不知道，我只知道现在的师父不再爱看帅哥了，不再心直口快了。但是我仍能看见师父对梦想的执着。

初二时，师父说她要考上海财经。现在两年过去了，师父的梦想依旧是上海财经。她会成功的，就像她说她要考一中，她就一定进了一中那样。

师父对于梦想的追求是长久的，一步一步，细水长流。她不说，但我懂，她内心对梦想的渴望是多么深切。这是对于梦想最基本的尊重，只要一直在努力，梦想会变成现实的。

3

很快就毕业了，大家都有了不同的归宿。沫沫去了上海，她说那里好大，逛个街回来差点儿迷路了。

经常和沫沫聊学习上的事情，我问她想考什么大学。

"我想考复旦啊。不过分数很高的。"

"你学习那么好，上海的分数线又低，怎么会考不上啊。"我不是在夸她，沫沫的学习真的特别好，初中数学课代表，数学成绩经常接近满分。

"我也一直以为上海分数线低，但是去了才知道我被骗了！上海高考总分是600分，不是750分啊！"

我才想起来上海高考是3+1的。我一直在抱怨别的省市分数线低，试卷简单，却从没有想过其中的原因。

沫沫一直有明确的目标，并且总是以百分之百的概率将梦想变成现实。我太佩服她了，因为她知道实现梦想的滋味。

沫沫总说自己在刷题刷题，她都那么优秀了，还在不停地努力。梦想之于沫沫一直是必得的东西。她不允许梦想逃脱了自己的控制，我想这才是王者风范。

4

我看着身边的人都比自己优秀，越来越觉得自己没用，也越来越自卑。所以现在我处于无目标无梦想的状态，这是最可悲的。直到那晚和小夜聊了很长时间的梦想，我才开心地放下了心里的包袱。小夜之于我是个挺重要的人。下次也许会写一篇故事来记录我们的相识，很神奇呢！

小夜的生活是我的精神世界，用一个词概括：玩世不恭。以前她这样形容过我：思想上的老油条，现实中的大包子。我不得不承认这个概括很生动，我也不知道是什么把原本真实的我活生生分成了两个个体。

我想过做宇航员、医生、编辑……都是正儿八经的职业，直到小夜说出了“流浪者”这个词，我才发现自己的内心那么渴求一份真正的流浪。

以前的我总是有太多顾忌，怕做不成功别人笑我，怕失败后自己太疼，总是在找客观的原因，而不想承认是自己懦弱。在杂志上看见这样一句话：“人生应该有两次不计后果的冲动，一次奋不顾身的爱情，一次说走就走的旅行。所以这便是我的梦想，在哪个年龄段实现都好。”

小艾说我注定是写文字的。我笑，注定的事情哪有那么多？希望小艾的话不会一语成谶。因为我想去农场工作，想去游乐园当小丑，或者，只是流浪。我不想一直写文字。因为我会用更多的时间去感受，那种心与大自然亲密接触的感觉一定妙极了！

5

梦想看起来很远，不过只要你想，你就会实现。

我相信。

为了将来的回忆

木 芙

如果你确定，自己是在前进的道路上，那么现在的困窘又算得了什么呢？它们不过是将来的回忆罢了。

1993年，我出生在一个南方的小山村，那个时候，我还不知道自己的人生会以怎样的形式铺展开来。

你大约不会相信，我孩提时的梦想，是能够毫不犹豫地掏出五块钱，把学校旁边小卖铺的零食吃个遍：一毛钱两块的猪油糖，一毛钱一片的辣片，五毛钱一包的蚕豆……它们构成了我孩提时代的所有幻想。这些也许是现在的孩子无法想象的，但是那个念头曾经充斥着我的脑海，让我觉得活着就是为了这点儿希望。每次，我掏出一毛两毛买那些东西的时候，总觉得它们无法满足我的味蕾，而同班的大胖总能买很多东西并且吃得很香。

八岁左右的时候，爸爸同事的儿子考上了大学，整个小村都轰动了。那个时候，考上大学是一件很荣耀的事情。我想我永远忘不掉那位叔叔望向自己孩子的眼神，仿佛此生所有的荣光与骄傲都在这里，那是我永远都无法给我父母的。哦，忘了说了，我在妈妈的眼里是个不折不扣的笨蛋，是个一道基本的数学题讲解了几个小时还弄不清的蠢货。不觉间，我望向那位哥哥的眼光就带了愤恨。

再大一点儿，无意中看到伯伯在长城拍的照片，连羡慕都不敢羡慕，只觉得伯伯简直是村里最牛的人物。可每次，爸爸带我去他们家做客时，伯父伯母那种高高在上的姿态又让我极其不舒服。许多次我和爸爸坐在沙发上，看着他们自顾自地做自己的事情，许久才过来寒暄几句，觉得非常难堪。

十四岁，我上六年级，爸爸经人介绍，在城里找了一份工作，我们举家迁到城里。开学第一天，同桌问我你的QQ是多少的时候，我完全不知道他在说什么，以至于在哄笑声和打趣声中我只能不知所措地盯着自己脚下五块钱一双的凉鞋，内心无比惶恐。挨到进了家门的那一刻终于忍不住握紧拳头大哭了起来。

想要变得强大，想要实现自己的梦想，想要做一个讨人喜欢、被人尊重的人。但现实是我怯懦又自卑，想改变又无能为力，我一面痛恨这样的我自己，一面接纳着它。那些美好的希望像一颗颗种子，默默被我藏在了心里，我只能默默积蓄力量以期它们能破土而出，生根发芽，长成茁壮的森林。

2008年，父亲捞到了人生中的第一桶金，给我买了台电脑。我终于可以开始接触同学们说的QQ以及更多的东西。在新的学校里，同桌是个特困生，和我一样喜欢着东方神起的音乐，我为她带来关于他们的新鲜资讯，帮她下载音乐和其他资料，觉得有电脑真的很快乐。原来财富不是为了显示自己的优越或是与众不同，你要用它去帮助别人，才能得到双倍的快乐。

2011年，我接到南方一所一本大学的录取通知书，父母为我操办了一场风光的谢师宴，请了许多同事朋友。我看着父母和笑盈盈的伯伯谈笑风生，语气热络而真诚，突然明白，所有人都喜欢美好的事物，比起怨恨他人的势利和社会的不公，努力提升自己才是方法吧。

书里说，社会本就是这样，充满各种各样的“没有实现”。让你只有把自己准备得更充分和强大，才能最大限度地回避或抵消伤害。说到底，我仍旧觉得，是我自己做得不够罢了。

可是，只要你不放弃心里的这些愿望，肯为它付出努力，总有一天你可以把“没有”两个字去掉，总有一天可以。

也许经年之后，我有的不再是单纯完整的热忱，而是一颗不断破碎又不断缝合的心，那就走到时光尽头，与命运相逢一笑泯恩仇吧！

你有一万个理由守护梦想

刘　筱

梦想，是能让你在黑暗中继续前进的力量，是《肖申克的救赎》里男主角逃出监狱后的爆发。一个人的价值不仅仅是靠收入、智商、学历、三围来衡量，还有更多被我们忽略的价值潜藏在我们的体内。有时候，你甚至都无法想象，一颗勇于坚持梦想、坚持自己见解的心可以创造出怎样一番奇迹。

梦想就是五百年后，悟饭问悟空："你当年被压在五行山下，有后悔过大闹天宫吗？"悟空说："那是我这辈子做过的最骄傲的事情。"

比如比尔·盖茨、戴尔、乔布斯、扎克伯格，这些硅谷大亨都是半途辍学，投身IT行业的人。学业很重要，但最后改变他们人生轨迹的却可能是他们在物理课上挖鼻孔时，觉得是时候去改变这个世界了，所以他们就出发了。

但有时候，我们看镜中的自己，还是一副青涩的样子。那就多看看理论巨著，看一本书就比别人多一份体验，就像多了一次旅行的经验，你就多欣赏了一处美丽的景色。而这处景色一定是你的潜意识投射来的，你是拥有什么梦想的人，你前面的风景就是什么样子的。

或者多接触一些特立独行的人，那些也许就在我们身边的、我们心目中很牛的人。他也许是个摇滚乐手，也许是个放逐自己的思想家，也许是独立的艺术家，也许是位别人眼中的自大狂，也许是个小地摊的个体户。

甚至，他们正是未来能推动这个社会进步的人，他们不一定很清楚自己的人生目标，但是一定知道自己的梦想应该孕育在什么样的土壤上，所以他们会活得很精彩，甚至比那些所谓的社会精英丰富生动得多，在他们身上，甚至可以看到未来天空的模样。

于此，张爱玲坦言，她敬重那些敢于坚持自我、守住梦想的人——“我总是很敬重那些有梦想的人，他们是有着奇特力量的新青年，向阳花一般，等待着日光倾城。”的确，这样有梦、守梦的新青年，才是我们整个社会的希望所在。

站在亿万年变迁的巅峰上，站在人类的物种起源上，这世界海纳百川，不论贫贱富贵，不论垂髫耄耋，灵魂在上帝面前都是平等的。不管你是沧海一粟，还是一世之雄，都是这世界独一无二的存在。你的生命里沉淀着蓝绿藻、类人猿的智慧，你的血液里涌动着周口店、河姆渡的文明，你的骨子里铭刻着轩辕氏、炎黄帝的自强不息。这世界需要你传承文明，前赴后继。这世界需要你的独一无二，同样也会承接你色彩纷呈的年少梦想。

这世界给了你独一无二的基因，也给了你选择人生的权利，可是你对世界抱以怎样的态度？是轻蔑地微笑、辛辣地嘲讽，还是相信未来、坚持梦想？你没有一个理由放弃，却有一万个理由守护你独一无二的梦想，铭记你独一无二的价值。

哥斯拉不说话

落桑陌陌

那些回过头看的青春，就像书里说的那样，“无数个小小的选择，慢慢地指向同一个方向，看起来很多可能，最后却只得到一个答案。”

她是个内向的人，好像从小学开始便很少说话。那时她的成绩很差，念小学三年级的时候，数学老师叫她到讲台上演算一道极其简单的数学题，她在讲台上捏着粉笔，手里紧张得出了不少汗，低着头看着有些斑点的白色凉拖鞋。数学老师看了她这副模样，扶了扶黑框眼镜，十分无奈，摆摆手跟她说：“下去吧，就你这脑子。”

然后全班哄然大笑。她低着头径直走到自己的座位上，眼泪却唰唰地掉落下来。

度过了三年无所谓的时光，六年级，她的成绩如起航的直升机一直往高处上升。老师们都很惊讶，开始注意这位平凡的女孩儿，各种竞赛她都会第一个被挑选出，只不过除了数学之外。而老师跟她最常说的一句话还是“你要多说话才行啊”，她总是抬起头，望着老师充满期待的脸，轻轻地“嗯”一声，然后再继续在纸上写写画画。

那时候她没有任何朋友，一个人去食堂吃饭，一个人去上厕所，一个人上学，一个人背着书包去文具店买文具，一个人在小路上低着头踢着小石头，听着来来往往的说笑声。她一直以为她这样一个孤僻的人不会被注意到，在班里没有几个人能念出名字的她，却被那些喜欢捉弄人的小男生取个绰号，叫作“哥斯拉”。那些男生夺过她的笔盒重重地摔在地上，她眼巴巴地看着新买的文具在地上摔得七零八碎。有史以来，她第一次向那些可恶的男生大喊了一声，用极其愤怒的声音。那样的声音，在父母眼前也很少有，就连她自己也不敢相信，那是她从口中喊出来的。

男生们先是瞬间地错愕，然后不顾形象地大笑起来，一边笑还一边说：“哎呀，哥斯拉发脾气了！哈哈！”再然后，“哥斯拉”被可笑地翻译成“狗急啦”。

她想，这应该是小学时光最最耻辱的事吧！特别是在那些可恶的男生面前，自己丢尽了脸。

还算顺利地考上了初中，是一所多少人想上都上不了的重点中学。所以，她第一次成为家里的焦点，一有亲戚来她家里做客，话题总围绕着她，并毫不吝啬地赞扬着她。她偷偷透过房间的缝隙看去，心里有种微妙的开心。

只是，初中的生活并没有她想象中的那么美好，课程增加，作业随即也增多，压力也越来越大。她有些浑浑噩噩，成绩勉强算班里的中等生。父母好像也没有以前那么自豪，话语里有时还带着对她的奚落。老师似乎也没有那么喜欢她，甚至有时候还哀求地跟她说：“拜托，你能多说点儿话吗？”她很难过，因为她没有任何亲密的朋友，只喜欢没事抠抠笔记本边的纸屑，喜欢发呆看着天空，喜欢低着头不说一句话。

孤单是一个可怕的名词，她这样想着。她开始自己写文字，买好看的杂志和书，在深夜里亮起一盏台灯，微弱的光线下陷入文字的陷阱不可自拔。她开始尝试着给杂志社投稿，虽然都是石沉大海，但她并没有半途而废。因为她发现有了文字的陪伴，孤单有时也可以是一种享受。

也不是没有喜欢的男生，他不小心撞掉她的书，帮她捡起，然后露出八颗白色的牙齿，轻轻地说声“对不起”，转身离去。她低下头，脸红得像个番茄。她开始注意那个坐在第四排倒数第二位的男生，他的一颦一笑，走路的方式，说话的语调，打完篮球后最喜欢喝的橘子汽水。看成绩排名，首先看的也是他，在女生三三两两的聊天中，伸长了耳朵，为的也是听到关于他的八卦。

有一次考试，男生轻轻地叫住了坐在第二组最后一位的她，她望去，发现他正指着试卷上一道选择题，用手比着“C 还是 D”。她望了望周围，有些害羞地比了四根手指，意思是告诉他选择“D”。

应该就是那一次，她与那个男生渐渐熟络了起来。男生喜欢跟她借作业，拜托她考试多多“帮助”他，请她喝橘子汽水。虽然她的话依然是“哦”“嗯”这类好像敷衍的字眼儿，但她真的比以前开朗一些，不再是那个对大多数事情抱着无所谓心态的人了。

不过，具体来说，那位男生可能也没有自己想象中的那么美好。有一次，一个邻班的男生坐在他的旁边指着她笑了起来，说：“她呀，小学就有个绰号叫作‘哥斯拉’，其实呢，谐音可以读作‘狗急啦’。哈哈！”他也随即大声地笑了起来。那个声音，十分刺耳又讨人厌。她的脸气得涨红，却没有说任何一句话。那天回到家后，她藏在被窝里不停地啜泣。

她的暗恋，也可以就这么结束了吧。

初三那年她真的很努力很努力，每天听周杰伦的《蜗牛》，显得斗志满满。周末去上补习班，每天回到家里背背古诗和化学公式，晚上听英语做数学题。她的成绩一直呈上升趋势，经历了轰轰烈烈的中考，录取通知书寄到家里。她的心提到嗓子眼儿，叫妈妈帮忙拆开。看到是重点，妈妈笑得比她还开心。那天晚上，喝啤酒吃大餐，又温馨又快乐的一夜。只是，她并没有想象中的那么惊喜，望着那些堆得像山一样的参考书，她流下了眼泪，尝进嘴里，又苦又涩。原来，她的初中生活就这样结束了。同学聚会没有人叫她，这也不怪谁，毕竟她在班里真的就像灰尘那样渺小并且没有任何存在感。

高中念的是寄宿学校，一日复一日的学习、考试、学习、考试……让她感到神经紧绷，沉重的压力压得她喘不过气来。她还是很少说话，没有太过亲密的朋友，也没有势不两立的冤家。日子过得一如既往，平淡如水。

有天黄昏，她在学校跑道跑了一个多小时，汗水与泪水不断滴落在地上。接下来又戏剧性地下起来了大雨，头发和白蓝相间的校服全都湿透了。回到寝室，不怎么说话的室友居然拿来毛巾擦拭自己的头发，还像个妈妈似的对自己说，去洗个热水澡别感冒了。她的心里很温暖。

后来，室友的热情和包容让她第一次感觉友情的力量多么强大。她开始有了灿烂的笑容，说话也比平时多了点儿。虽然有时还会被同学说："你真的很内向啊！"但她确确实实有了几分珍贵的友情。

她去买了一本新书，是夏达的《哥斯拉不说话》。

不知道是书里的小末有跟自己类似的经历，还是因为书里语句的淡然，让她觉得其实"哥斯拉"这个绰号没有那么讨人厌，没有那么不能让人提起了。

又或者，那些回过头看的青春，就像书里说的那样，"无数个小小的选择，慢慢地指向同一个方向，看起来很多可能，最后却只得到一个答案。"

那么，就这样继续勇敢地向前行吧！

没关系，我们执着啊

马佳威

高考的那段时光至今无法忘却，记忆，像是抖落的金色砂石，把沿途铺得光艳璀璨。

那一年我习惯了失眠，习惯在夜深人静的夜晚，躺在我的小木板床上幻想我的未来；那一年我迷恋上了张国荣，无论走到哪里都会听他的歌。我始终明白，高考赋予了我们最强大的自己，就像《我》唱的那样：我就是我，是颜色不一样的烟火，天空开阔，要做最坚强的泡沫。

每次无法安睡，我都会从小安那里要来他破旧的收音机，然后躲在被窝里，像个特务似的搜索无线电波频，门外有巡逻的老师来回踱步，每次搜到一个安静温暖的声音，我就把头钻出被窝，猛吸一口气，然后换一个舒适的姿势，把思维放空，安静地享受那一个来自不同世界的温暖。

不过倘若小安不借我他那只快退役的收音机，我便陷入了焦虑中。我总觉得有人在大半夜上厕所，然后在门口叽叽歪歪地聊天，脚步声夹杂着厕所冲水声，“嗒嗒嗒”“哗哗哗”这声音简直让人抓狂。于是我抱着枕头睡到了另一头，摇了摇正沉醉在歌声里的小安，我说小安，我们一起听音乐吧。然后小安递给我一颗耳塞。

小安是个温柔的男生，他总能把寝室打扫得一尘不染，还光荣地认领了寝室打热水的任务，除此之外，跟我们讨论人生哲理也颇有建树，唯独让人吃惊的是，尽管小安学习下了苦功夫，但是他的成绩并不理想，这不禁让人感到惋惜。

临近高考，班里的人开始传递着写同学录，青春的末班车快驶到了终点，是时候我们说再见了。所以路过文具店的时候，我和小安各买了一本同学录，小安买的那本很精致，翻开是童话世界里的画面。我说："小安，你还保持着一颗童真的心呀。"小安说："我可不希望自己那么快老了，我还有好多事没完成呢。""是呀，是呀，我们还年轻呢。"说完我们哈哈大笑起来。那时候我们正穿过学校的林荫道，我似乎闻到了栀子花的味道。

午睡是在教室里睡的，我似乎还能感受到头顶上的风扇哗哗转动的声音。每次伴着下课的铃声，我们从燥热中起来，搓搓眼睛。我看见小安打开一瓶三勒浆，然后倒进矿泉水里，那清澈的水瞬间变成了黑褐色。然后小安闭着眼睛猛喝了几口。看他的表情，我就可以体会到那瓶水多难喝了。

小安说："喝再多也无济于事，我的智商从负值到了零，但智商还是低呀。"我忙说："哪有，你可是高智商人才呢。""你不要笑话我了，我数学还没考及格呢。""那我请你吃金思力。""你先把我的三勒浆喝了吧。"

那时候放学我都会和小安在操场上狂跑几圈，比比谁跑得更快，每次我都被小安甩得远远的，当我停下来大口大口喘气时，小安都会在前面喊："快点儿快点儿。"等小安不注意，我就撒腿跑回寝室，小安就在后面追着我大喊"你怎么那么不讲义气"。跑完步我们就在楼下一排水龙头下冲凉。每次我们都会从两人互泼演变成几十人的群泼。每天的泼水节过得不亦乐乎。

晚自习时我要小安给我写同学录，小安摆摆手说："现在写被班主任发现了会被没收的。"我摆摆手说："没事的，那老妖婆反正不在。"岂料班主任躲在后门的窗户边窥探这一切，我们稍不注意，班主任就在我们背后了。"拿出来！"班主任严厉地说。小安畏畏缩缩地拿出了我的同学录。我暗想：这下完了，免不了被班主任带去办公室训斥一顿。小安被班主任带走了。我坐在教室里为小安捏了一把冷汗，心里满是自责：小安呀，是哥害了你呀。

小安最后安然无恙地回来了，手里还捏着我的同学录。我说："那老妖婆没有虐待你吧？"小安说："我很好，班主任还请我吃糖呢。"说着拿出一颗棒棒糖在我眼前晃悠。我愕然，"难道老妖婆良心发现了？"

但此后，小安有了很大的改变。我常陪小安不去吃饭，在教室里安静地看书，还帮小安讲解数学题。我们都是平凡的少年，我们都如同一颗飞翔在空中的白色蒲公英，不知道未来会飘到哪里。

高考的最后一天，我们集体失眠了。我说："小安，你准备大学考哪里？"小安说："我觉得我就是一株飞翔在空中的蒲公英，未来何去何从，要看风的方向和大小。"我没有说话，安静地看着窗外的天空。"那你呢？"小安问我。我说："我也一样。""那我们一起飞吧。""嗯，好呀。"我应许道。我已经忘记那天晚上我们聊了什么，只记得那晚窗外惨白的灯光照在我们的木板床上，照在那个迷惘的少年脸上。

我突然想起刚步入高中的时候，我们都只是一群懵懵懂懂的孩子，跟不上这样快节奏的校园生活。曾为了挤车回家，我们走了好远好远的路拦车，甚至有女生在路边委屈地哭泣。我记得那时候我们都很自闭，一个人吃饭学习，在无人诉说时把自己所有的烦恼写进日记里。我也记得高考前很多人因为成绩不理想趴在课桌上偷偷地哭，也会在操场上拼尽力气奔跑，呼喊。我还记得高考最后一天，我们把试卷折成纸飞机，几百只纸飞机从窗口飞出去，漫天的纸飞机划出一道道完美的弧线。

后来，我没有和小安一同飞翔，小安去了东北的一所大学，而我留在了南方一个温暖的城市。在蒲公英飞得漫天都是的时候，我都会问小安，一颗越过大半个中国的蒲公英种子在北方生根发芽了吗，在那里过得好不好？

小安依然告诉我他很好，他还告诉我那天班主任把他叫到办公室，说他不学好，并要求他把那本同学录交出来。小安紧紧拽着同学录说他会很努力学习，一定会考上理想大学证明给大家看的。班主任被小安的执着而又坚定的话语打动了，非但没有责怪他还语重心长地鼓励他。

每一颗坚强的种子都会找到生根的土壤，向上吧，少年。

妹妹们请记住

石　悦

我是一个后知后觉的人，可是在这样的一个假期，我实在是有一些话要说给十六七岁的你们，也说给曾经十六七岁的自己。

我的生活经历并不多，有几个好友，有几个玩伴，也曾犯过错，也曾自以为是，也曾迷茫过，也曾被伤害过，也曾有过自以为是的爱情，不过那实在没有任何必要拿出来说，既不坦荡也不华丽，根本就和曾经在书上看到的小说不一样。

我是农村妞，其貌不扬，也没有什么像城里孩子一样的唱歌、跳舞、弹钢琴之类的特长。自己自卑到只记得一句话：人丑多读书。所以，从上初中开始，好像从来没有被注意过，自己唯一值得父母骄傲的就是学习成绩还不错。我很悲催地错过了早恋的末班车，我的所有的爱情都葬在了暗恋这件小事上，中学六年的时间在一个个暗恋的故事中度过。我所有的并不廉价的感情在自己足够大的勇气下，终于打算破土而出的时候，总会被人毫不犹豫地无情地重新按回泥土里，而我自己还得装出一副无所谓的样子，自命清高地说：暗恋者拥有不见天日的财宝，尽管这些财宝他永远无法晾晒和炫耀。

相信在一代代的青春中，总有和我一样天真、善良、长得却不是很漂亮的女孩儿仍然陷在暗恋的陷阱中无法自拔。妹妹们，我想跟你们说：十八岁之前的美丽是妈妈给的，我们没有办法选择。而且一般来说，初、高中的时候，学校和家里都会管着我们，不让我们化妆，不让我们弄头发，既然这样，我们就不要把注意力放在美丽这件事上，去多读点儿书，让自己拥有内在的气质和学识吧。十八岁之后你有多美丽就是由你自己决定的，那时候高中已经毕业了，你就可以选择适合自己风格的衣服、发型和妆容，让自己美丽起来，但是请注意一点，妆不要太浓，淡淡的就好。所以这会儿，一定不要抱怨，也不要放弃，因为世界不是少数的美丽的女孩子的世界，不美丽我们依然可以通过我们自己的努力来拥有世界。

今年春节，我们高中同学聚餐，这也是我们高中毕业后的第一次聚餐。饭桌上，一个男生说："高中整整三年，我怎么就没发现咱班好看的女生这么多呢。"听他说完我就笑了。看到没，这就是我所说的，十八岁以后，不漂亮的你完全可以使自己美丽起来。

下面有几句话给我可爱的善良的妹妹们，愿你们的青春可以轰轰烈烈——

妹妹们，记住：爱笑的女孩子运气永远不会太差，所以把你的笑容当成你的名片。

妹妹们，记住：好好爱自己，有些美丽是与生俱来的，尽管我们没有，但是我们可以自己让自己变得美丽。

妹妹们，记住：每个人在一生中都会遇到一个真正喜欢你的人，未来那个爱你的人还在等你。

妹妹们，记住：越努力，越幸运。你的努力可以让你变得更强大，总有一天长大的你会感谢现在努力的自己。

艺术生，请你们好好保重

苏　航

关于他们

你们都走了。

那两个勇敢追梦的孩子，敏毅，诗韵。一个去了繁华的广州，一个去了烟雨蒙蒙的杭州。带着你们的艺术梦想，带着你们对未来的憧憬，丢下我一个人就这么走了。

7月11日。你们同一天踏上这段追梦旅途的列车，去你们各自进修的城市。我吵闹着说要送送你们，你们却怕我来回走太累不让我去，而我也只好作罢。

你们一定要成功地回来。敏毅，你的音乐梦会实现的。诗韵，你也一样会考上那所你不让别人知道却只告诉我一个人的美术学院。

杜敏毅，你是我的小骄傲

跟你认识是在音乐班里，我们被分在同一个声乐小组，一起跟着曹波老师学声乐、视唱练耳和钢琴。尽管平时接触不多，不过我们变成了无话不说的好朋友。我们会在别人还在跟周公约会时就已经爬起来，在校门口外边美美地吃上一碗肉丝面条然后一路狂奔到科学楼八楼的音乐室练声，练琴，我们会谈及很多有关音乐这条道路的事情，我们甚至约好一起考上星海音乐学院。

日子过得倒也不错。我们依旧像以往一样练声、练琴。

说真的，到如今我还对这段时光念念不忘。这段时光里，我得到了很多你给的小感动和你所给予我的友谊。

不过后来我却因为迫不得已的原因而放弃这条道路，没能陪你一起走下去，看来，我们的约定这么快就毁灭了呢。

你一直在不停地安慰我说："有我在呢，咱们以后的路还很长不是吗？你文化课那么好照样可以考一个不错的大学啊。"

再后来，我也渐渐释怀了，一直都在跟你不停地说要帮我继续完成我的梦想，你代表的是两个人。所以你一定要争气。

"嗯，我一定会的。"你说。

那天声乐观摩的时候我偷偷地跑去看了，躲在教室的后门静静地看着你的演唱。你进步了很多，早已不是以前那个连气息都不稳的家伙了。我很欣慰。

去进修的前两天晚上，我拉着你谈了好多好多，我像是突然就变成了一个啰唆的怨妇一样，叮嘱你上去之后要注意这注意那，要狠狠地努力才行什么的说了一大堆。你在旁边静静地听着我的碎碎念，不停地点头。

现在的你已经去了广州进修，要离开我们差不多半年时间，我相信你一定会有更大的进步的。加油！杜敏毅，爆发你的小宇宙，你一直都是我的小骄傲呢。

何诗韵，你是我的小呀小苹果

剪着干净利落的碎发，穿着偏中性的服装，最特别的是你那紧闭着的嘴巴居然能发出清脆的口哨声。那时就觉得你是一个帅翻了的女生。

这是社团招新的时候见到你的第一印象。

后来当你告诉我你叫何诗韵，而且你是一名美术生的时候，我马上就脱口而出："那个明星何韵诗跟你啥关系来着？"你莞尔一笑，然后弱弱地回答我："她是我的双胞胎姐姐。哈哈。"

两人在那里笑成一团。后来咱俩逐渐成了很好很好的朋友。

到如今相识足足有两年了吧。两年来，你一直都说你就是我的姐姐，你会罩着我。我很感动，真的。有好吃的或者其他对我学习有帮助的你都会给我留一份，哪间衣服店里最近搞促销了你也会给我买两件，虽然都是特价商品。可是真的觉得好像999感冒灵的广告一样，很暖很贴心。有时你也会很小情调地拉着我陪你去看夜场11点的电影，然后因为宿舍关门而华丽丽地在街上乱逛到天亮。

这一切也正是我所铭记在心中不能忘怀的。

毫无知觉地，两年过去了，高三即将来了。你去进修的时间也差不多到了。

接着陪你查去进修的画室的各种资料，努力地去了解所有有关这些画室的资料。帮你留意哪个画室的实力好一点儿，哪个环境好一点儿，哪个师资力量比较雄厚。

当你决定要去杭州的时候，我开玩笑地对你说，记得要在杭州给我物色个撑着油纸伞的像丁香一般的江南雨巷美女回来给我。你一脸的不屑，"放心，我肯定会带如花姑娘回来孝敬您老人家的。"这家伙，临走前还非要给我找碴儿。

虽然笑声不断，可我依然看见了你内心的小忧伤。

"半年以后，我会回来跟你并肩战斗的，放心。"

"嗯，等你回来。"

其实你一路走来的辛苦我都是知道的，听你宿舍的人说你经常拿着小台灯画到两三点才睡下，6点又起来背你最讨厌的英语，因为很多美院对英语的分数有很严格的要求。

有梦想的孩子运气一般不会太差，这话是那位很爱你的美术老师送你的，所以，加油吧。

何诗韵，别忘了我们之间的约定，说好的一起考重点哦。我相信你能做到，我也一样。一定要好好保重身体，好好照顾自己。等快冬天了我就把给你买的雪地靴和围巾给你寄过去。记得这是我回馈给你的“很暖很贴心”哦。

何诗韵，借用《小苹果》里的一句歌词送给你：你是我的小呀小苹果……

太煽情的话不想多说，记得要凯旋，我还欠你一场电影呢！

半年后见。

疯子在右

随宜

每个人心里都有个学霸梦，只是后来大多数人的都破碎了。

天真如我，在还留有憧憬的时候，跑去参加了学术研讨会。

他们先一起研读一篇全球最好的经济学期刊上发的论文，然后头脑风暴，联系中国现实找出新颖有趣的课题切入点。会上“三剑客”中的两个到场，中英混杂，术语扎堆，反正听不懂。脑子里全是糨糊，连笔记都不知道如何下手。

我坐在角落里，心思漫无目的地飘在不知哪片荒原里，忽听得有人说：“叫张涛呀！”“对对对！叫张涛！”两位剑客忽然神情兴奋，手舞足蹈，仿佛遇着了天下第一大喜事，“张涛计量厉害，可以解决这个偏误问题，那思路就打通啦！”“是的，没问题了！”

张涛？我把疑惑的目光投向旁边的同学，她摇了摇头，也是一脸迷茫。能把两位剑客的疑难杂症给治了，想来是位高人吧？

高人在下一次的研讨会上现身了，长得高大健硕，孔武有力，头发凌乱，脸上一股豪迈之气，但坐下来就没怎么说话，还是两剑客打了鸡血一般在那里旁征博引指点江山，忽然有个地方争论不出结果，他们问：“张涛，你怎么看？”众人的目光唰唰唰地投向了他，声音瞬间静得能听到投影仪运作时细微的嗞嗞声。“其实，我觉得啊……我们可以研究省际数据，哎上次那个论文，哎那个模型啊，实在太好用了！”我们正准备听他分析，他停了两秒又说，“这个论文也是，建的模型简直太聪明了！”他言辞激动，又有点儿词不达意，像是感触很深却无法出口。

说实话，这个开场白让人失望。

他们接着讨论，两位剑客是早已知道张涛性子，带着点儿循循善诱的味道，从张涛脑子里掏知识。忽然有个地方两位剑客讨论清楚了，张涛猛地大声叫喊：“就是这个意思！所以我说这个论文简直神了！”

好吧，张涛就是个肚子里有货倒不出来的学术霸，了解。

高级计量上到十二周，又要换老师了。

这次是张涛，碰巧上的还是最难的那一部分，先天下之忧而忧，我简直有些担心这个课程的质量啊。

张涛一上台，我才发现自己原来真是见识浅薄啊，完全不是那么回事了好嘛？他还是那样言辞激烈，却并非不善表达，开场就把全班震住了。一个男生迟到了两分钟，从后门进入，他遥遥一指，“你，就你，对，就站着的你，下次再迟到我的课你就别来了！”全班安静了下来。他停了两秒，继续说：“我先给你们打预防针，每年上课我都要弄哭几个学生，我可不管你是男是女啊，什么下台阶，什么女生柔弱，统统一边去！”大家都有点儿措手不及，个个面面相觑。“先约法三章，我的课上不可以迟到，不可以讲话，不可以吃东西，出了这个教室咱们是朋友，好好说话，但在这个课上，就是我做主，你爱来不来，来了就得守我的规矩，影响我情绪别怪我不客气！”他的脸上杀气略现，我伸向水杯的手颤巍巍地缩了回来，空气安静得要凝滞了。

“好，我们开始上课！”他打开了PPT，我们呼了口气，总算活了过来。他讲起课来依然情绪十分激烈，但是逻辑清晰，表达流畅，讲到关键处，“有没有觉得很爽！两个知识点竟然这样连起来了！多神奇，多美妙！”自己在台上自嗨的节奏。

临下课的时候他还有个知识点没讲完，拖堂了。

下节课要在这个教室上课的学生陆续到达，挤在门外走廊聊天，略吵。张涛望了望门外，脸上又杀气略现，嘴一张想说什么，但随即隐忍地憋了回去，接着给我们讲课。

几分钟过去了，门外隐约的吵闹声愈重，仿佛是走廊的人不耐烦了，前门被人推开半扇，有人探头进来张望。吵闹声从那半扇门里瞬间倾泻进来，随即又被关上。张涛正往黑板上写字，一个急速的半转身，抬高了手臂，朝着前门用力扔出了手中的粉笔。带着极高加速度的粉笔画出一道抛物线，砰，清脆地落在门上，随即小小地反弹回来，在地上飞速滚圈，直到碰到第一排桌椅的椅脚，才停了下来。张涛大骂，“谁！”接着大跨步走向前门，嘴里依然念叨，“谁！”急速而至前门，他大力拉开，门口几个女生的面容映入眼帘。“谁！谁开的门！”张涛大叫，在走廊开骂了。

全班同学倒吸了一口凉气。三十秒，或许一分钟，时间比我们想象得慢，门外安静了，张涛回来了。“烦死了！”他说道，“懂不懂尊重别人啊。下节课上课又怎么样？他们老师也只能等着！我没讲爽，我就要讲爽！”他一脸的凌厉之气，也不用缓冲，接着就说道，“讲到哪里了？哦对，随机效应和固定效应，它们的区别到底在哪里呢？”

一下课有人就在班级群里说：“张涛上课真是发神经好吗，他是疯子吗！”大家都纷纷附和，“他就是个疯子啊，就是个疯子啊！”“他是第三个上课的，直接可以取名张三疯了好吗！”

第二次上他课的时候，学习委员坐我旁边，课刚上五分钟，她收到短信：“亲，我和某某迟到了，就在门外不敢进，我们去图书馆自习了啊……”这个疯子，把人都吓成这样了。

这次课又出状况了，刚上一会儿，走廊对面的教室突然传来一个极具穿透力的女声，是一位女老师用了麦克风，声音穿越两层水泥墙，不减丝毫音量地传到众人耳朵里，张涛的情绪又被影响了。他话讲到一半就兴致索然，接不下去，忍了忍，重新开个话头，接着讲下去。那边教室的声音忽停忽起，张涛的课也半讲半停，突然他又毫无预兆地冲出了门，丢下一句“烦死了！”消失在我们视线里。砰，对面教室的门被大力打开，那边女老师的声音也戛然而止，只隐约传来张涛浑厚激烈的声音。

这一次，课上有了细微的唏嘘声，大家暗暗嘀咕，他真的是十分的简单粗暴，万分的简单粗暴啊，这个疯子。他回来时脸上凌厉之色未减："我不喜欢这个女人，尽管我不认识她。"他说到这里停了停，"如果我用世俗学来武装自己，那我就不是forever young（永远年轻）！"大家都盯着他，但没有作声。"第一次忍因为她是老师，第二次忍因为她毕竟是个女的，第三次，那我对不起了。""我的处世三原则，第一人活着要让自己爽，自己不爽还活着干什么；第二一定要心安理得，你得有自己的处世逻辑，并且安然于自己所认为的对错；第三做什么都起码要比平均水平高。"他站在台上，意气风发，就像站在城墙上，西风凛冽，背后是自己守卫的世界。

这么一闹，他的话匣子倒是打开了，忽然脸色和缓还微带笑意地说道："你们知道我感兴趣的研究点是什么吗？——妇女权利、卫生和HIV（艾滋病病毒）！"大家都笑了，以为他开玩笑，他却突然絮絮地说道："有一年我去参加一个朋友的公益项目，是在贵州某个山区建所小学，只有真正参与你才知道有多难。那一个月，就是跟各种来路的人谈，边抽烟边谈，烟雾缭绕，门口的烟头能装好几盆……这才叫做实事！"他情绪越说越激动，眼睛却没有望着我们，穿越漫漫时间空间，他是在回望着贵州那个小山村，"那一个月累得浑身散架，但是却充满了激情。你能感受到一种神圣而伟大的使命感。""那一个月的触动是终身的。"他说道，语调里有敬畏。

"后来联合国有一个非洲HIV救援计划在中国区招人，我去了。先是初试，就在上海，全球同步考试，当时是晚上6点，答题纸发了厚厚一本，是真的写不完，无限量巧克力和笔供应，就是疯狂地写。交卷完每人发两百块钱，打的费。在车上我跟老婆打电话，我说我的手几天都要抬不起来了。"大家又笑了，他也笑了，他的声调没有那么急促了，开始有了跟我们絮叨往事的氛围。"后来接到了进入第二轮的通知，不过最后招的人不是我，但我依然收到了联合国非常正式的录用通知，就是作为备选人才，随时在需要的时候上岗。那份录用通知依然被我锁在保险箱的最上层，那是最珍贵的东西啊，比什么证书、论文值钱万倍。”他停了停，打趣，“也不是保险箱啊，我就没什么值钱的东西，一个铁皮柜子啦。”

“我以我自己的方式发出了心声，但没人理我啊。为了通过考试，我整整复习了大半年，那些条款啊背得滚瓜烂熟啊！从没有，从没有这么勤奋过。但是真值得啊，我起码把自己感动了，人有时候是需要自我感动的，不然都不知道为什么活着。”他说了这句话，自己又被这句话感动了，像是把往事又在脑海里温柔地回味了一遍，情真意切。“如果有需要，如果联合国一纸召令，我可以舍弃一切立刻出发。真的，我随时可以走。如果有一天我消失了，你们也不用找我。”

大家都笑了，但眼睛里都亮晶晶的。

他的课件全是数理公式，并且全英文。有一次上课，他反省说自己的课太枯燥了，得向其他老师多学习学习。那天的课件里，他放进了一个笑话，并在最后一页留了句中文：我们一路奋战，不是为了改变世界，而是为了不让世界改变我们。

这是疯子的心声。

我们不是上帝的宠儿

依林

期中考后的晚自修注定不平静，闹哄哄的教室里可以看见每个人脸上最精彩的表情。随着每一科成绩的公布便会涌起一股小高潮。我旁边一向数学甚好的同学惊呼被老师扣了十分。我看着卷面上大多是红色墨水的笔迹，努力地控制抽搐的面部表情对她说：“没关系，你考得比我好。”仿佛得到了自己想要的答案，她假装叹了口气，然后埋头做起了数学题。周围交杂着或喜或悲的感叹声，顿时烦躁的情绪像是洪水般向我袭来。这时，班主任站在讲台上对我们说：“大城市的学生目标是出国，而我们这些跻身在小城市的人目标则是大城市，所以我们必须比他们加倍努力。高三了，该为自己的前途好好想想了！”声音不大却准确地撞进每个人的心里。不一会，教室里只剩下“沙沙”的写字声。

下课后，我百无聊赖地望着夜空深情地发呆。这时，小B走到我面前，用充满怨恨的语调对我说：“这次期中成绩理科班的学生提前知道答案了，他们的成绩基本上全是抄的。”我“哦”了一声，以此表示“这件事我早就知道了”。紧接着小B凑到我耳边跟我说：“这还不是最主要的，最主要的是这次考试会作为家长会的参照成绩。”我大惊失色，怀疑耳朵听错了，小声问了一句：“你说的是真的？”小B无奈地点点头：“我成绩好的时候它不开，偏偏在我最差的一次开，难道是我上辈子被学习学死了？今生注定与成绩无缘？”

家长会的那天，我懒洋洋地躺在床上，感觉做什么事情都提不起精神，我应该是被这次糟糕的成绩彻底给打败了。有的人从一出生开始就与别人的孩子不同，上帝赐予他一匹马，而我们得到一匹驴。应试教育的目的，就是让驴和马跑得一样快，于是就被迫出现了马拖着驴跑的现象，最终累垮了马，拖死了驴。

我给小B打了一个电话，电话那端的她哭泣着跟我说："我不是害怕我会遭受爸爸的冷嘲热讽，而是害怕他没有脸面，你说我们付出了这么多，为什么得不到回报？那些聪明的学生只要听懂一道题，就会解类似的一系列题型。而我们却要费九牛二虎的力气去弄透一道题。为什么会存在这么多的不公平啊？"

其实我很想告诉她，每个人都祈求公平，可是上帝给我们公平的同时，却剥夺了一部分人驾驭公平的能力，所以才会存在不尽如人意的事实。可是话到嘴里我却咽了下去。只好用安慰自己的语言安慰她："不是付出就能得到回报的，但想得到回报就必须付出，这是一个不可逆转的命题。"其实这句话，我不知道在多少个日日夜夜用来麻醉自己，同样，这句话又是多少个努力却得不到回报的人的心灵慰藉？

门外突然响起了敲门声，爸爸回来了？顿时，我的心脏像是一个迅速运转的马达，不可抑制的紧张感让我怀疑我的血管会不会突然炸开。我蹑手蹑脚地走到爸爸身边，等待他的批评。

令我感到意外的是爸爸没有我想象中大发雷霆的表情，只是问我："吃饭了吗？"

我准备直入正题，颤颤巍巍地说："没有胃口，关于这次考试你有什么想法？"

"只要你努力就好，下次再考好吧！"

我一下子哭了出来，决心下次一定要咸鱼翻身。

次日，我强迫自己睁开惺忪的睡眼，早早地就来到了教室。

前排的小B笔尖飞快地做起了一直虐待她的英语，大有英语虐我千万遍，我仍待她如初恋的气势。

望着她的背影，我笑了。明明小B说了多少次要放弃，最后还不是死性不改地继续披荆斩棘，在茂密的丛林里寻找希望。

突然想明白了许多事情。我们不是上帝的宠儿，没有大城市素质教育的高起点，也没有一匹骏马，有的仅是头瘦小的驴子和不甘放弃的脚步。但即便是这样，也要活得精彩。就让时光老人放慢脚步，见证我们的成长吧！

十七岁的梦想很倔强

袁旭飒

当乔禾跟在班主任身后走进鸦雀无声的教室时，我正因为杂志上的一个笑话捂着嘴无声地抖动。

班主任极不耐烦地白了我一眼后，便示意乔禾上台做自我介绍。

“大家好，我叫乔禾，是转校生。”清亮的声音让每一个字都成为空气中跳动的音符，入耳并且入心。

10点钟的阳光透过窗棂在光洁的地板上投下不规则的阴影，也为少年浑身上下镀满金黄。白皙的脸庞以及微卷的头发在阳光下熠熠生辉。他笔直地站在讲台上，一脸漠然地看着台下的同学，仿佛是从光里走出来的王子，高贵且骄傲。但还是有一点儿拘谨的，骨节分明的手指始终紧握着斜挎包的带子不曾松开。

这些似乎只有我注意到了，班上只有极少数的同学抬头看了眼乔禾，其余的人始终将头埋在书本里不曾抬起。这样的行为对于重点高中重点班的学生来讲没有什么不妥。他们争分夺秒地看书做题，对周围的一切都失去想象力和好奇心。每个人都沉默安稳不苟言笑，日子过得如同死灰。

没有人为做完自我介绍的乔禾鼓掌以示欢迎他加入这个集体。为了不使气氛尴尬，我“啪啪啪”拍了三次手，响亮异常，也孤单异常。

只是，这非但没有引起其他人的掌声，反而迎来了班主任满含轻蔑的白眼。我悻悻地低下了头。

乔禾对这样尴尬的气氛仍是一脸漠然。他径直走到最后一排靠窗的单人座位，坐下，收拾书柜，一切都进行的自然而然。他没有眼神飘移地打量四周，他仿佛有自己的一个世界，因此对周遭的一切都熟视无睹。

乔禾看起来是非常骄傲的。他总是独来独往，沉默安静，不与人交流。他的成绩与我相似，排在倒数，但他似乎并不在乎分数名次甚至学业。被老师叫起来回答问题时，总是一脸平静地从薄薄的嘴唇里轻吐出两个字“不会”。

这样的乔禾，被大家定义为“不学无术”“简直是一无是处”的人。没有人愿意主动接近他。

当我第N次因为化学老师“地方支援中央”的发型忍不住发笑时，被趴在教室门窗外“巡视”的班主任逮了个正着。

她全然不顾正在讲课的化学老师，怒气冲冲地走进班里，指着我说：“陈珂，你给我出来。”我脸一红，低着头走出了教室。

走廊里空旷寂静，只有班主任尖厉的声音在耳边狂轰滥炸：

“你怎么进这个重点班的你自己心里也清楚。自己没出息不努力学习也就算了，但你不能当害群之马影响其他人吧，很多人都向我反映因为你这个太过爽朗的性格不愿意和你坐同桌。”

我抿着嘴唇不说话。

原来我爽朗爱笑的性格也会成为别人讨厌我的理由。只是，那些背后打我小报告的人竟然还可以热情地和我打招呼没有流露丝毫的厌恶之情，让我误以为自己这个走后门、不学习、性格大大咧咧的人已经被接纳了。

“算了，你还是坐到乔禾旁边去吧，反正你俩也差不多……”她看我沉默不语，趁热打铁地说出了心中酝酿已久的想法。达到目的后，她满意地踩着高跟鞋“咯噔咯噔”地走开了。

我站在原地，看着她披散的波浪头以及臃肿的身体逐渐消失，心里一阵恶心又一阵难过。

我和乔禾差不多。我们都不学无术，我们都一无是处，我们都被这个集体嫌弃。

我坐到乔禾旁边后，原来的位置便空了下来。在一整排一整排的座位中，它像是一道难看的疤痕：那是一个十七岁少女单薄脆弱的自尊心难以承受的疼痛。即使表面接受得云淡风轻，日后也需要极长的时间来抚平。

我变得安静起来，认真听课做笔记。心里憋着一股气：我要用好成绩证明自己的优秀，那时我笑得再怎么张扬都是理所应当。

当然，我的安静也归功于乔禾。他的习惯和性情并没有因为我这个“同桌”的到来改变分毫，依然独来独往，沉默安静。他从来都不听课，手里总是捧着书，偶尔也在草稿纸上写大段的文字。因为是在最后一排，从未被老师发现，或许老师发现了也懒得管了吧。

我与乔禾是距离最近的陌生人。我们没有半点儿交集，连点头之交都没有。

我以为我们会一直这样相安无事毫无关联下去，即使我们在班主任眼里“差不多”。可是，我们最终还是有了一点点联系。

政治课上，瘦小精悍的老头儿让同桌间讨论“实现你的梦想需要多少钱”。

每当老师提出与同桌有关的问题时我总是百无聊赖地翻动课本，等待老师宣布讨论结束。只是这次，一直埋头读书的乔禾捕捉到了这个问题，他抬起头转向我问：“你怎么回答？”

又是初见时那种简短的话语清亮的声音。

我迎着窗外的阳光，眯缝着眼，一脸陶醉地说：“我需要十万块吧，开一个小型花店。每天侍弄花花草草，有花香陪伴，有音乐流淌，有阳光普照，多好。”

对于这样在别人眼里“没出息”的梦想，乔禾没有流露出丝毫的不屑，他认真地注视着我，甚至脸上还有清淡的微笑。要知道，来这所重点高中的每一个人都对未来怀着极大的野心：重点大学、高薪工作、别墅跑车、无忧生活。他们坚信“知识改变命运”。如果他们知道我的梦想不过是开个花店挣微薄的收入过朴素的生活的话，一定会捂着肚子笑得满地打滚。

“你呢？”我转而问他。

“我也需要十万块吧，供我上专业的摄影学校。希望以后可以为自己的文字配上自己拍摄的照片。”

“那你为什么不直接去专业的摄影学校？”

“家人不同意，被逼无奈来了这里。”

“是啊，年少的梦想很容易妥协。”我不无伤感地说。

“不，我还在坚持。”

我们都是有梦想的孩子，只是这个梦想与大多数人的不一致，我们想过的生活与大多数人不一致，就要被这里的人视为异类排斥在外吗？可是这又有什么办法呢？

这个世界有最简单的规则：物竞天择，适者生存。

我想乔禾既然暂时无法实现梦想，那不如和我一起努力学习，用好成绩向所有人证明自己并非一无是处。

于是，我总是在上课时提醒乔禾听课，说话不方便时就写字条给他。刚开始他对桌角边出现的字条会饶有趣味地读，后来这种千篇一律的劝说他连看一眼的耐心都没有了，直接扔进柜子里，然后低下头继续读书写字。即使这样，我仍然热情不减，坚信自己有一天可以感化他。

在一个吵闹的早自习，我和乔禾发生了矛盾。

他在轻声地读一首小诗，而我则大声地背课文。这显然影响到他了。

“陈珂，你声音低点儿好吗？”

我迎上他略带愤怒的眼睛，理直气壮地说："我背的东西可以考高分，你背的那些能吗？我声音大点儿怎么了？"

乔禾的眼神瞬间由被人打扰的愤怒转变为不被理解的委屈。他低下头，继续读那首小诗，而我分明听到他读串了行。

我也心乱如麻，尽管初衷是想刺激他奋起努力学习。

按捺不住，我又写了张字条给乔禾：

"我们活在赤裸裸的现实里，你也知道自己暂时无法实现梦想，如果现在我们不努力学习就要一直被视为异类被排斥在外。"

我悄悄观察乔禾的表情，他脸上的委屈已经烟消云散了，一脸平静地看完后仍然像往常一样扔进柜子里，低下头继续读那首小诗。

我对乔禾彻底死了心，心里愤愤地想：乔禾你就是个不可救药的傻子，活该你被别人排斥被人瞧不起。

我不再管他，自己拼命学习，期末时成绩已经到了中游，也开始有一些朋友。而乔禾依旧倒数，独来独往，沉默安静。我与他因为梦想建立的那么一点儿联系也已土崩瓦解。

新学期开学，乔禾没有来。

班主任站在讲台上轻描淡写地说："人家乔禾去学什么摄影了，那能有什么出息？你们可要好好学习啊，这样以后才会有好的生活。对了，陈珂，你坐回原来的座位吧，看你改了不少。"

"不，我还要坐在这里。"我站起身干干脆脆地说。

我想，比起同学们虚伪的友好我更喜欢乔禾坦诚的冷漠。

乔禾才是对梦想最执着的人。大量的阅读已经使他拥有漂亮的文笔成为一本杂志小有名气的作者。而他对摄影的坚持已经使家人妥协。别人的不屑和嘲笑以及我曾经善意的提醒都始终未让他改变分毫。他孤注一掷地走在追梦的路上。

学期末，乔禾寄给我一本印有他文章的杂志和一张字条：

"陈珂，现实并非坚不可摧，任何梦想都不卑微。只要你有足够的勇气去坚持。”

摊开手掌，阳光洒下不容置疑的光辉，我在心里默念：少年，祝你梦想成真。

唯有妈妈不后悔

她说她很羡慕那些成绩好的孩子的妈妈；她也说只有她是这个世界上会一直对我好的人；她还说她之所以让我上市里的重点高中，为的是让我有个氛围好一点儿的环境读书，因为我是个不自觉的孩子，和她当年一样；她说她多怕我以后像她一样。

而我，又多怕我不能像她所期待的那样。

唯有妈妈不后悔

胡与真

1

写手头这篇文章时，我不禁回过头去打量着那个已在床上睡得一脸坦然的女人。那个女人微高的颧骨，细长的眉毛，一双眉眼比醒着时略增了几分柔情。那个女人，从我出生前就和我在一起，一直到现在，从不曾离开。那个女人，我叫她——“妈”。

至于那个女人在我心中的形象……容我再仔细想想。

2

我妈绝对是个强悍的女人。

其实“强悍”这个词涵盖的东西很多，比如说……力气。

我妈劲儿很大，虽然她并不壮实。她可以一个人骑着电动车运两袋大米回家，也可以只身一人把一块盖在桌面上的玻璃台板搬上楼，她一个人就能把席梦思翻转过来，搬家的时候左手一床被子右手一床被子……我也曾试过像她一样一个人去做一些力气活，结果总是徒劳。就连平时，我拧过了的毛巾，她都能再拧出好多水来。

有这样一个“大力我妈”，我貌似从小就未曾缺失过安全感。

再比如，“强悍”也包括……脾气坏。

我妈脾气坏，那是人尽皆知的。很多人对我妈的评价都出奇一致：人是绝对的好人，就是脾气不太好。这一点，我是最有体会的。

从小，我最怕的就是她。说的书面一点儿，就是敬畏，那是游离在亲情之外的感情。或许是小时候像鲁迅先生幼时那样“拔何首乌毁了泥墙”吧，反正我印象中经常被她罚鼻子靠墙。稍微大一点儿，上学了，作业做错，考试不行，总是被她骂。她说我的时候从不会夹杂什么粗语，文绉绉的，却总说得我心里像刀割似的。所以，我现在察言观色和抗挫力都很强，绝对是从小练出来的。我妈她很聪明，用她的话讲，我的什么阴谋诡计她都能一眼识破。所以在长期的“抗争”中我必须养成一些必要的技能，而且绝不与她正面冲撞。她要是真的生气了，发起火来真可以用“暴跳如雷”来形容，和她顶嘴，下场只有“死路一条”。

有时候，心里真有点儿怨她。但见到她时还是会不自觉地呈上笑脸。瞧我这点儿出息。

3

我妈是个有点儿轻微洁癖的女人。

她总觉得住的地方应该干干净净，其实这没有错。可是，可不可以不要把家里收拾得和宾馆一样？

每天中午一回家，刚要踏进门，总会听见一声：“不许动！”让人下意识地要把手举起来。

然后看到我妈急匆匆从厨房奔向阳台，那句“家里全拖过一遍了，脏鞋不要踩进来，我去阳台拿拖鞋”总是在客厅里回荡。

我妈那么爱干净，偏生了我这么一个“落拓不羁”的女儿，我看到散放的书和铺开的被子会有超强的自由感，而她总是一分钟内就让家里变成标准间，这会直接导致书桌上像U盘这样的小东西会凭空消失。

我老是跟她说不要动我东西。她总是反诘我，说我屋子是狗窝。然后过了好几天才告诉我，我丢的东西找着了。

后来我看杂志，上面说女人生了孩子之后才会有洁癖，因为怕脏的东西接近孩子。

我一怔。光洁的地板，我望之出神。

4

我妈有她可爱的一面。

比如说那天晚上洗完澡她买了个大柚子给我吃。把柚子的外皮剥了，剩下里面的果肉，然后，她把果肉捧手心里，狡黠地问我："你说这是什么？"

我茫然："柚子啊？"

她："再想想。"

我："……不是柚子还能是什么？"

她鄙视地对我说："你怎么这么没想象力……"

我急了："到底是什么啊？"

她眼中闪烁着异样的光芒："哪吒啊！"

我："……"

她讲冷笑话是大神级的，听得刚洗完澡的我心里冷风直刮。

再比如原来我突发奇想用打火机烤奶奶的放大镜……结果就是，放大镜被烤裂了一条缝。后来被我妈发现了，拿着放大镜来问是不是我干的。我以为她要骂我了，唯唯诺诺说了声"是"。没想到的事情是，她边掉头边说："你怎么弄坏了还放在那儿啊，犯罪证据不知道销毁啊！我去扔掉……"

后来她跟我说她小时候去小河边洗碗，碰坏了的碗都直接扔河里，我和她比真是小巫见大巫啊。

5

关于我妈，我做以下总结：她有那么一点儿可恨，有那么一点儿可敬，又有那么一点儿可爱。我对她的感情是复杂的，也许她对我也一样——是因为我，她脸上褪去了姑娘的红晕，染上中年妇女的蜡黄；我让她身价锐减，我消减了她盛年的风华，从初中到现在，我带给她无尽的烦恼。

——你说她后悔吗？

她说她很羡慕那些成绩好的孩子的妈妈；她也说只有她是这个世界上会一直对我好的人；她还说她之所以让我上市里的重点高中，为的是让我有个氛围好一点儿的环境读书，因为我是个不自觉的孩子，和她当年一样；她说她多怕我以后像她一样。

而我，又多怕我不能像她所期待的那样。

如果夕阳再久一些

华 姜

书 店

一直很喜欢待在那个离家不远的小书店里。店主是一位七十出头的严肃老头儿。他总是坐在门口那里，戴着老花眼镜，读书看报，有顾客来了，头也不抬，只是眼珠子稍稍往上一翻，也不说话，又低下头去继续看他的书报。

我之所以喜欢这个小小的书店，并不是因为店主在县城工作的儿子会隔几天带回一些新书和杂志，我看上的，是屋子里那一列列摆放得整整齐齐，经历了风雨洗礼、岁月侵蚀的书。那里散发着真正的书的香味，浓浓的，让人浮躁的心逐渐平静下来，重新微笑着面对生活。

在书店里，我一待就整个上午或是整个下午。大多数时候都会安静地看书，偶尔拿起角落里的工具打扫一下，有时候也会买走几本书。

粗手指的男人

阳光猛得很，透过窗户能看到尘埃在灿烂中狂欢。6月，我刚刚从高三的牢笼中逃了出来，准备进入自己心中的那所大学。就在这个明媚的日子里，我遇到了那个粗手指的男人。

彼时的我正缓缓地沿着书架走，手指欢快地弹过一本本熟悉的书，却没有料到手机从口袋里滑出了。

他把手机递到我面前，似乎有点儿紧张，粗粗短短的手指微微颤抖着，下意识地又握了握手机。我转头，他整个脸都被憨厚的笑容覆盖了，像一朵怒放的向日葵。另一只手还不知所措地摸了摸后脑勺。

我笑出声了，接过手机。一不小心触碰到了那似乎也染上了夏日温暖的手指，心中突然也微微地暖起来了。

转身，离开。一直感觉到背后有束满含笑意的目光。

十年前的故事

母亲说，粗手指的男人疼老婆，会顾家，勤干活儿。当然，这些都是十年前父亲尚在的时候说的。十年前的故事，像老旧的黑白照片，一串串挂在我的脑子里，却凌乱得怎么也拼不整齐。

那到底是一个怎样混乱的夜晚啊！小小的屋子里挤满了看热闹的人，他们不停地说着，说着，声音似乎要掀开屋顶了。可是我什么都听不进，我只能呆呆地站在桌子旁边，看着满屋子的惨状，慢慢消化着一个我在潜意识中拒绝接受的信息，父亲死了！他直挺挺地躺在床上，白布过头。而杀死他的凶手像失去了魂魄般无力地瘫在地上，衣服上沾满了血，不知道是她的还是父亲的。一把锋利的水果刀落在旁边，没有沾血的地方无情而残酷地反射着寒光，在这夜里显得格外刺眼。后来，我晕厥在了这喧哗中。

再后来，我跟着母亲离开了那里，来到了这个小镇。陌生的人、陌生的事、陌生的物、陌生的生活，将当年的真相一层层地掩盖起来了。而从那时开始，我学会了沉默，喜欢上了安静，习惯了面无表情，因此也喜欢上了那个有着不苟言笑老店主的小书店，安静而干净。可是无论时间如何冲刷，朝夕相处的母亲的身影不断地提醒我，就是她，我亲爱的母亲，错手杀死了酒后施暴的父亲然后自杀未遂，留下了一个不堪回首的夜晚。

媒　人

我今年十八岁了，高考刚刚结束，已有媒人络绎不绝地跨过门槛，发挥着她们卓越的口才，可是母亲都一一微笑拒绝了。

有一天。

“你就考虑一下吧！他人真的很好的，虽然只有一个人，但正好可以到你家来过日子啊！”又是媒人……

“这……可是，你也知道小川的性格啊！恐怕……唉！”有母亲微微的叹息。

“小川也长大了，你也天天老了，身子越来越弱，让多一个人来照顾你不好吗？再说，小川很快就要去外地读书了，这样她也会放心些吧！”

“好好好，我再考虑一下吧。”

……

我对这个天天上演的戏码早已麻木了。推开房门，走进自己的世界。

可是，母亲随后也走了进来。我可以轻易地看出母亲的尴尬。十年了，我们母女很少有这样对坐的机会。像同性的磁石，离不远，却也靠不近。

母亲低着头，双手下意识地拉拉衣角，轻声说：“小川，我……嗯，她们经常来，介绍了很多对象。你要上大学了，他可以照顾我。我不是不能照顾自己，只是……我知道你很为难，但是，小川，十年了，他走了已经十年了，而我也老了。我不知道我还能活多久，或许以后，他还可以照顾你，小川，我想看看。”

她有点儿语无伦次的样子，没有抬头，当然也就没有看到我一直在微笑着听她诉说。她眉毛微皱，透露了她的不安。眼角的鱼尾纹已经深如沟壑了，微长的头发已有一半斑白了，再也看不出从前是如何的柔顺乌黑。她，真的老了。

我稍稍叹了口气，拉着她的手站起来。分明感受到了手与手相握时的战栗和心的颤抖，但我却更加用力地握紧了似乎想挣脱的布满老茧的手，柔柔地说："妈，我们吃饭吧！"

后来，那个粗手指的男人出现在我家了。

回　家

书店里，那束目光一直跟随着我，那个男人欲言又止，我继续悠闲地晃着。"小川……"他终于开口了。我挑挑眉，立住身子。"我……"

"小川，来跟我下盘棋。"

可惜，他的话依然没有出口的机会。门口已经响起了老头子略带严肃的声音。

这倒有些出乎我的意料了。我抬头，迎来一道狡黠的目光。

"好吧。"我挪动脚步，坐在早已摆好的棋盘对面。

棋起，棋落。木质的棋子落在木质的棋盘上，有清脆悦耳的声音响起，如和谐的音乐，回荡在小小的旧书店中。

终于定局，当红方的帅被逼得走投无路的时候，就意味着对面那个老头子输了。

"再来！"声音中好像带了些耍赖的味道。接着，开始。

"再来！又一局。"

"再来再来！我就不信赢不了你！"

……

我知道，这么多年来跟着这老头子下棋，棋艺是进步了不少，但是局局获胜，我承认我还没有这样的本事。那个老头子，眼睛里闪烁着光芒，嘴角噙着缕缕笑意，正一本正经地思索着呢！至于那个男人，我转转头，发现他正在看着一本漫画书，也不知道他到底有没有看懂，但看着他全神贯注地看着，小心翼翼地翻开下一页的时候，不由自主地笑了。

老头子还是像往常一样，眼珠子往上一翻，看了一眼旁边的男人，说："回家吧。"

我点点头，把棋子收拾好。夕阳映红了半边天，有牛犊哞哞的喊声从远处传来。如果夕阳再久一些，或许还能一起在树荫下摆上个小桌，和爸妈吃顿晚饭。

我诚心地跟那个可爱的老头子道声谢谢，转身对那男人说："爸，我们回家吧，别让妈等太久了。"

其实我很想你

荒芜痕

1

通知书下来的那天，你显然是气到了极点，恨不得像我小时候那样操起家伙就一顿好打。

事实上，你也确实那样做了，只不过在扫帚遇到我一副“有种你就打死我”的表情时前所未有地失手了。你把扫帚扔到地上，留下一句“不听我的话就别想从我身上拿一分钱”后就摔门而去。门重重地合上，发出的声音和以往我整出来的动静有得一拼。

门内是颓丧如战败公鸡的你，门外是怔在原地的我和弥漫在夜色里的委屈。

想不到你却是以这种方式让自以为翅膀硬了的我明白，其实我还无力举起叛逆大旗。

就像你不明白为什么我总要和你对着干，我也始终不懂为何你如此不讲道理。那天我准备好的诘问全都随着重重的关门声咽回了肚子里，以至于到最后我都不明白，为什么我就必须遵循你的意愿，长成你所想的模样。

2

你最终还是让我去报名了，可你也警告我，不要妄想去走艺考之类的捷径。

我虽然满腹牢骚却也无从发起，只好在周末时各种推托，硬是把一周一回家拖成了一月一次。很多同学都不解我临近周末的抑郁，就连我自己也不解。可你却看出来了，你冷着脸说："如果不是没生活费了，你连一个月回家一次都嫌多吧！"

我不委屈，因为我知道这是真的。因为远离桎梏，就连阳光也开始温暖而非灼热，生活有了些美好的样子。

3

我没想到一直像个战士的你会倒下。他们告诉我山石滚下来的千钧一发，你竟然跳过了两米多宽的沟躲过一劫。这样看来你的确是战士，可战士的脚也禁不住这样一崴。

我站在旁边愤怒地看着拄着拐杖的你，本来我是应该厉声责问你，然后各种威逼利诱让你去医院的，可是不知什么时候开始，我们已经习惯了彼此的沉默，任何带有关心味道的言语全都被掩埋在沉默里。

我只好像古时候太监般静候，等着你几个音节的差遣。

你说："我不要紧，你得回去上课，听他们说落下一节也难补起来。"我说："没关系，我聪明着呢，听不听都一样。"

你好像露出骄傲的表情，也许是想起我一直优秀的成绩。

这次我真没说谎，听不听一样，反正听了也白听。可是看到你的表情，我开始后悔用除了美术外的每一节课练习画画。

虽然我一直想知道如果我的画刊登在报纸杂志上，你会不会骄傲。

4

你还是知道了我成绩一落千丈的事。这么大的事，我也没想过要瞒住你。只是我没想到，你会把我喊回家。

要知道，初中的时候你就把请假作为头忌。

那天你一反常态，做了一桌子好菜还拿了两瓶啤酒，大有一副“醉笑陪公三万场，不诉离殇”的姿态。

我们很久没有这样，像别的母女一般促膝长谈。

那天我告诉你我的诸多不满，你也给我讲了我的身世之谜。

是一个很老套的故事，风华正茂的画家到乡下写生，和年轻貌美的乡下姑娘一见钟情了，然后带着姑娘到了城市。就像电视里演的那样，画家很忙，有时好久见不到一面，可是姑娘却迟钝地没有发现，直到一个穿着时髦的女人的来到。

姑娘最终不堪屈辱回到家乡，却发现自己肚子里多了一个小生命。

我知道，那个姑娘是你。你不顾家人的反对把我生下，想把我养成可以让你骄傲的模样，然后长成了如斯的样子。

5

那个画家的妻子过世了，他希望你能给他做续弦。

你用很无奈的口吻说：“生你的时候没和你商量，现在问一下你愿意和画家一起过日子吗？”

我想起初中的时候，你让我在家复习，我却偷偷看电视，然后你把我带到山坡上。

你说也不是要我干什么活儿，就让我晒晒太阳，免得发霉了。那个季节的太阳很辣，我们早上很早就起来，中午10点就下山，可是带在我头上的荷叶还是变得奄奄一息。

那几天，我甚至不敢正眼瞧你一眼。

如果我点头，你会不会轻松一点儿，不那么难过？

6

我们谁都没跟画家走，我在心里说，没关系，以后我养你。

你用画家留的钱为我报了美术班，你还是想方设法帮我走了捷径。

在艺术班，大家都只在意自己的梦想，彼此间少有接触，我不如原来那么开心了，画却画得一天比一天好。他们说，我的手天生是用来拿画笔的。

那天老师拿了江非的诗让我们自由发挥。在纸上信手拈来，你背着柴火的背影在黄昏下略显萧索，那一丝白发却格外刺目。

他们都以为这叫“你背的柴火比前两次都多”，我淡笑，一笔一画写下在心里反复练习的字。

——其实我很想你。

肥妈是怎样炼成的

黄天煜

问过肥妈一个问题：在你这前半生里，哪个阶段的体重是你最满意的？

肥妈冥思苦想了半天，越想头越往下低，最后我都看不见她的脸了。一个声音幽幽地飘过来："刚出生的时候，身高五十厘米，体重六斤八两……"

当时我正喝了一大口肥妈煮的红枣水，然后，噗！一地红枣水！肥妈抬起头哀怨地看了我一眼，说："再问这种问题，死啦死啦的优西。"

我是从不惧怕任何来自肥妈的威胁的。嘻嘻，先来揭她一个老底。肥妈小学毕业那年学校体检，她拿着体检单去找班主任："老师老师，不好了，体重秤坏了，我不可能这么重，我得重称一下。"那女老师看了一眼体重栏里的数字然后上下打量了一下肥妈，说："我抱一下试试。"然后她努力地运了一口气，想要抱起十二岁的肥妈。但她几经努力却未能如愿，肥妈好似长在了地上一样。然后那女老师恨铁不成钢地说："孩子，我敢保证体重秤没坏……"

这事是老爸告诉我的。据说是肥妈嫁给他之前他从肥妈嘴里骗出来的机密信息。我问肥妈具体数字，她盯着我眼中杀气渐起。我溜之大吉去问老爸。老爸瞄了一眼肥妈，然后嘴上说小孩子不该问的不要问，右手食指与拇指却比画成枪的形状冲我开了两枪。我冰雪聪明立马领悟。哈哈哈哈，我笑声震天："肥妈，不就是发了又发吗，多吉利的数字啊。"恼羞成怒的肥妈扬起手里的饭铲，我赶紧跟在老爸的后面逃之夭夭。

说起她身上的小肉肉，肥妈常会往我身上栽赃，说起来滔滔不绝，一副痛陈革命家史的架势："想当年生完你就想减肥，可是看你嗷嗷待哺的样子于心不忍，只好放弃减肥的念头大补特补把自己变成一头奶牛，然后你吃母乳一直吃到十八个月，但是小肉肉跟得久了就不愿意离我而去了，所以这么多年对我不离不弃，然后再然后……"

不等肥妈说完我就想起小时候的相片上我那肥头大耳的"吃货"模样，心里觉得万分对不起肥妈，心想如果以后有感动中国十大肥妈评选的话，我一定号召我小学时的死党、初中时的闺密以及前桌、后桌、左右桌一起投我肥妈一票。

感动过后我智商指数回归正常，这才想起前几年她减肥成功过，活生生地甩掉了三四十公斤的小肉肉，但后来……也许是她过早地陶醉于减肥成果，也许是她减肥的同时把智商也减掉了，但我想最根本原因是她不懂得减肥尚未成功肥肉将会反扑的道理，反正后来的后来，她就又与失散多年的小肉肉重逢一笑泯恩仇了。

减肥那段日子，肥妈挺有毅力的。她曾经半年没吃过一个米粒。基本上上顿拍黄瓜下顿黄瓜丝再下顿黄瓜片。减下去十公斤她就奖励自己两条新裤子。肥妈的大舅我的舅姥爷看我肥妈减肥效果显著就说："下次再减去十公斤的时候告诉我一声，我奖励你两条裤子。"我舅姥爷是有身份证的人，一言九鼎，肥妈减去三四十公斤的时候他虽然并没兑现裤子，但给了肥妈五千块钱，让她自己去买套漂亮衣服。但自从肥肉反扑成功以后，肥妈见了我舅姥爷就坐立不安，好像当年她偷了老人家的钱一样。

一个秋天的早晨，肥妈送我上学的路上，几只麻雀从眼前飞过时我脱口而出："妈，那几只麻雀可真肥啊，就像你一样……"肥妈先是哈哈大笑，忽然笑声戛然而止，她恶狠狠地问我：“这么多年我给你交学费、杂费、校服费、午餐费、间餐费，就换来你这么反动的一个比喻吗？再说你的比喻极其不适当……麻雀哪有我肥啊！”

……

今天我冒死公布一下肥妈在各种网站上注册的网名：“吃饭的时候不减肥”“吃遍长春无敌手”“吃货王中王”……肥妈啊肥妈，我服你了！

言归正传。我爱我的肥妈。要是走在街上对面飘过来一对苗条得像薯条一样的母女俩，我一定先怨恨地看那女儿一眼，再吞着口水瞄那妖气的瘦妈一眼，最后挽起我肥妈宽厚肉头的手掌，靠在她肉乎乎温暖的身上，大踏步地高傲地走过去。

为了肥妈的健康，我劝她适当地减减肥。可谁承想，肥妈以与她体重极不相称的速度拿出她的手机，咔咔咔打开收件箱，翻出2009年5月20日那天20点39分我发给她的短信：“好玩的妈咪，我喜欢你的大肥肉。”然后委屈万分地说：“你看你看你看，白纸黑字，啊不，黑屏白字，你明明说过喜欢我的肥肉肉……”

不要啊肥妈，这你也能拿来做证据？人家那时候才九岁，年幼无知嘛！

让我再多爱你几年

君 夕

那年，她七十岁出头。略带白色的头发早已替代了当年的青丝。由于视力不行经常摔跤的缘故，走路有些一瘸一拐，行动缓慢。和她交流必须扯大嗓门儿，说过的话总是重复好几遍，尤其是翻我的账。

她的那些本是由于年龄导致的毛病，不仅没有得到我的理解，反而让我感到十分厌烦。

我不喜欢和她一起走在马路上。马路上她的眼神似乎比其他任何时候都要好，她总是四处搜寻着饮料瓶等一切能卖钱的“宝贝”。而那时的我喜欢躲开她的视线，尽量离她远些，要让旁人都认为我和她没有任何关系。莫名的自尊心，让我对她的行为感到无比羞愧及厌恶。

我和表妹陪她去上街，她总是未经我们的允许就买一大堆好吃的。当然，我们在高兴之余也没忘了和她分享。可是，在我把零食两次送到她嘴边时，她都推开了，说：“我不要，你吃。”我想想，既然不喜欢那就算了吧，于是我大口大口地嚼起来。之后，表妹拿着零食给她吃，她也同样推开了，可好性子的表妹一次又一次地把零食送到她嘴边时，她却张嘴接受了。我在一旁嚼着零食，看着这一场景，对于她的行为，我很不屑。

我十二岁那年的夏天，天气比往年更炎热。表哥表姐耐不住便到河里游泳，也顺便带上了好奇的我。我傻站在河岸上，看着并没有因天气炎热而变浅的河水，想起她常提起的，这里每年因游泳而淹死的人不少，顿时觉得有些站不住。而这时的表哥表姐早已在水里畅快地游着。表哥说：“你怎么还不下来呀，好凉快的。”在表哥的怂恿下，我壮起胆子脱掉了上衣，跳到了河里，河水没到我的胸前，几乎要将小小的我吞噬。我呆呆地站在河里，河水带给我的不是冰凉，似乎是，彻骨的寒。终于，玩够回家了。老远看见她站在门口不停地向外张望，直到我走到离她仅有十几步的地方她才看见我。看着光着身子的我，她便明白了。她并没有用棍子抽我，而是大声地骂表哥表姐。这完全出乎我的意料，我暗喜。我以为，这件事就这样不了了之。可过了几天，她见到老妈，又把这件事翻出来，扯着大嗓门儿，添油加醋地讲述着。原来，她的记忆可以这么好。之后，我便和妈妈大吵了一架。我一直都认为罪魁祸首就是她，我再也不想见到她。

之后，我一直赌气，找各种理由不去看她。一晃一年，直到那天妈对我说外公脑溢血，要我回去看看。我踏进曾经熟悉却渐渐变得陌生的老房子，走进一间昏暗的小屋。借着一扇窗户透过的光，我一眼望见了坐在窗边的她，似乎没有多大的改变。我隐约看见躺在床上那瘦小的身躯，顿时有些害怕。但我还是站在床边轻轻地用带着颤抖的声音说：“外公，是我。”随后，我便看到外公脸上有两颗闪着亮光的东西，刺痛了我的眼。我走出房间，站在大厅，心想：以后，她就要一个人守着这座老房子了。心里不禁泛起一阵酸楚。

我不知道是成长使我的棱角被磨平，还是我对以前所做事情的忏悔及补偿。从那之后，我经常回去看她。想起她现在只有一个人在老房子里时，我不禁心疼起来，这是我从未有过的感觉。

由于忙于各种考试的复习，很久没去看望她。终于，这几天长假，我提着一袋她喜欢吃的水果回去看她。踏进这老房子，熟悉的气息迎面扑来，看着神台上外公的遗像，微微一笑。她不在客厅，我听见厨房有响动，本想轻轻唤住她，给她一个惊喜，当我走近时，听到一声叹息声，像一把锤子，重重地敲在我心头，我呆在了原地。她走出了厨房，看到呆在原地的我，高兴地笑着。我们吃过午饭，坐在客厅聊天，我静静地坐着，她兴奋地讲着最近发生的事情，小到村里九十岁的王婆去世了，大到这里快修路了。似乎这里发生的一切都要让我知道。由于想起家里还有作业没做完，便提出要回家了。她起身送我，我朝她挥挥手便走了，走出十几米仍看见她还站在原地痴痴地望着我。我别过脸，鼻子酸了。

我们总爱说来世，可是我怕，我怕来世我们不会再相遇。所以，我不求来世，只求今生，让我多爱你几年，我亲爱的外婆。

亲爱的笨妈妈，对不起

米釉质

“哎呀——”我蹲在地上望了下左手无名指，一条鲜红血线汹涌成一条血河。我还来不及疼痛，来不及悲伤将来的结婚戒指，耳畔倏地掠过满是紧张的声音：“怎么办？流血了！”我吓了个踉跄，差点儿一屁股扎在满地的碎片上。

你眼里满是怜惜，“疼不疼？夏天会不会发炎？”

“快去拿医药箱！”我狠狠地瞪了你一眼。我很少说话那么大声，你呆愣了一下，机械又飞快地去拿医药箱，

真是的，你把我心爱的瓷杯摔得那样“粉身碎骨”，我什么也没说，自顾自地捡碎片。你却粗鲁地抓过我手中的碎片，说：“小心伤手。”然而就冒出了一条由白渐红的长线。呵，我伤手也是你害的，小心你才对吧？

你仔细地给我擦拭、包扎，我无意中瞥见你的双手：血点、凝结成痂的疤分布不均地坐落在你那枯黄干瘪的双手上。明亮灯光下，两双手形成鲜明对比：一个细长、饱满、嫩滑，一个粗短、干瘪、糙黄。我扭头不屑地想：谁叫你那么笨，一点儿也不懂保养！

“好了，你先在客厅这儿待着，卧室我待会儿再来弄干净。我去买点儿鸡蛋，顺便再买个杯子。”说完，匆匆出门。

真是笨蛋，快11点了，外面又那么黑、那么冷，还在下着细雨，也

不带个雨伞穿件外套！

窗外风声夹在单纯的宁静中，我闭上眼，在脑海里清晰地回放今晚所发生的事。我的心颤了颤：原来我才是“罪魁祸首”，才是真正的笨蛋。

要不是我在你收拾瓷杯之际，看见蟑螂大叫“啊”；要不是我生气默默地捡碎片，不理会你的话语；要不是我凶恶地冲你大吼大叫；要不是那么晚了我说早餐要吃鸡蛋……所以，瓷杯碎了，手划伤了，你难过愣住了，那么晚了还去买鸡蛋……

你回来后，立马冲了杯麦片给我，还递了件外套，叮嘱道：“小心着凉。”然后去卧室清扫碎片。看你红红的眼眶，我就明白了刚才那些眼神、那些话语伤你有多深了。我捧着温热的瓷杯，眼里噙满了泪水。急忙咽口麦片，拭去快溢出的泪水。

我望着左手的无名指，心里自愧了起来：有必要对自己妈妈那么凶吗？而且杯子碎了已经不能再回来了，可以再买一个啊。可就为了一个回不来的杯子，伤了妈妈的心，多么不值得。

真的好想对你说声“对不起”，可我真的好倔。恍惚中就想起了爸。四年前爸也是如此倔强，不听你的劝，结果醉酒驾车最后车翻人亡……

妈，你一个人承担了那么多悲痛，一个人早出晚归地打工，奋力支起这个破碎的家，是那么的艰辛。我真不应该不懂事地给你增添压力。

“对不起，妈妈。”我在心底轻轻地悄悄地对你说。

已是深夜，夜出奇的沉寂。

我在日记结尾缓缓而认真地写下：“笨妈妈，对不起。原谅我青春叛逆的无知幼稚。笨妈妈，谢谢你。谢谢你对我的好，对我的付出。笨妈妈，我爱你。”

对不起，妈妈。这句话，我没有勇气张嘴对你说出口，但我承诺再也不伤你的心了。我会努力考上A中的，让你放心我的前途，再也不会让你为我而“一笨再笨”了。我会变强大好去保护你，不再成为被保护的对象。

原来长大真的只是一瞬间的事情。亲爱的笨妈妈，无名指上的疤会见证这一切，因为它时刻触动着我那颗跳动的心脏。

有一种回忆叫青春

关于我和芳芳的恋情，其实没有下文了。因为学业繁重，我慢慢学得有点儿吃力了，尤其是英语，越来越讨厌了。做不完的作业，也没有时间谈恋爱。不过我对芳芳的喜爱，一刻也没有停止过。一直到高考之前，我都无偿地让她抄我的作业和试卷。

我不知道这些事情，能不能勉强叫作青春。回想起来的时候，还是莫名地有几分感慨。

袜子玩偶爱丽丝

小妖寂寂

1

我是个平凡、平淡、平庸的女孩子，十五岁这年，我变得更加安静了。

每天早上，我和妈妈一起出门，走到十字路口时她会塞给我两块钱的早餐费，然后她往东上班我往西上学而去。到了傍晚5点，下课后的我得匆忙赶回家去煮饭，因为我知道妈妈有可能为了省钱而没有吃午饭，我担心她又在挨饿了。

生活看起来有一丝苦涩的味道，但谁让在医院里躺了足足有半年的爸爸，最终还是抛下我们母子俩，独自一个人去了天堂。

我在学校的成绩处于中等水平，而同学们的眼中，我瘦削、刻板、乖戾、沉默的形象让大家都不愿意接近。不过我觉得这样挺好的，很安全，没有人能窥视到我真实的生活状态，我的世界里，有袜子玩偶们做我的朋友，我就已经心满意足了。

没错，就是袜子玩偶。在我的房间里面，有许许多多的袜子玩偶。

除了上学、煮饭、写作业和帮妈妈卖袜子之外，我还会做的一件事情就是缝制袜子玩偶，一针一线自己动手。

妈妈白天在商业区里帮人打扫，晚上就推着小板车到步行街去做小商贩，以卖袜子为主，另外还卖些手套啊围巾啊什么的，所以我们家最不缺的就是袜子。但就算不缺，最普通的一双袜子成本价都要一块五毛钱，为了让妈妈心甘情愿给我袜子，我必须要表现得很乖很懂事才行。

我做了很多袜子玩偶，我把它们挂在窗前，摆入抽屉，塞进被窝和书包里。有时候妈妈会对着它们皱起眉头，她实在搞不懂我这是要干什么。

是的，她不懂，我想应该没有人懂的。

这些袜子玩偶，它们让我不孤单不贫瘠，让我的青春不那么单薄。

2

入冬后气温下降不少，袜子小摊的生意正红火的时候，妈妈却病倒了。看着她着急的样子，我真是懊恼极了。本来我想着自己去替妈妈卖袜子，但是力气小拉不动小板车，很无奈。

我必须想个办法帮家里减轻负担才行，爸爸住院时借的钱还没还清呢。

犹豫了很久，我终于鼓起勇气在下课的时候给坐我后面的张天越递了一张小纸条。他是我们班最活跃、点子最多、最喜欢助人也最受欢迎的男生，虽然我好像没和他说过话，但也许他能给我介绍一份兼职，我怯怯地想着。

果然，张天越的纸条很快就递回来了，他说可以介绍我去他们家附近的肯德基餐厅做服务员。

端端盘子擦擦桌子扫扫地，这些工作对我来说真是小菜一碟，最重要的是一个小时有七块钱，每天放学后我可以做三个小时，这份工作真不错。

张天越有时会到我打工的店去吃消夜，带着一个很可爱的小女孩儿，我猜是他妹妹。看见我他会笑，很友善的那种，看不到其他一点儿意味，我心里也就坦然了。我应该相信他是个好人的，你们看他都没问我为什么要做兼职，也没有把我打工的事情说出去，那么，以后有机会我再报答他吧。

因为打工赚钱给家里奉献了自己的力量，我觉得心里很轻松很快乐，客人们都称赞我手脚麻利笑容好。

妈妈的身体终于好了。她拉着我的手，有点儿愧疚地让我别去打工了。

我摇摇头，我已经长大了，我有责任为这个家做点儿什么的。我想了一下，小心翼翼地期待着说："要不妈妈你送我两双袜子好不好？"

"以后你喜欢就拿去吧，多少双都可以！"

妈妈的笑，那么温柔，和袜子玩偶一样，一下子让我觉得好满足。

3

在学校里，我想我有了一个朋友，就是张天越。

我们仍然很少说话，不对，是几乎没有说过话（递小纸条除外），但是他在我的心里亲切了起来。有时候，他会递给我两颗糖，或者一小包饼干，有一次我不好意思地笑着接过来的时候，他说："许可可，就这么笑对了，你不要一直都这么严肃，其实你笑起来很好看。"

真的吗？转过身后我在心里问自己。

也许在学校里我真是太少太少笑了，我忽然意识到，原来我在同学们面前，一直是什么表情都没有，怪不得背后里有人喊我"冰窟窿"。

我只有在对着我的袜子玩偶的时候，才会不自觉地眯起眼睛，扬起嘴角。如果教室里的这些人都是我的袜子玩偶，该有好多啊。

张天越遇到困难了，他最亲爱的妹妹要过生日了，可他不知道送什么礼物给她才好，最后他不得不向我发出求救信号。

我捏着张天越给我递过来的小纸条，心里忽然有了个主意。

第二天，我很早就来到了教室，趁着人还不多，我悄悄地把一样东西塞进了张天越的桌肚子里。那是我熬夜缝制出来的袜子小娃娃，是我所有的袜子玩偶里最满意的一件作品，足足花了我三个小时。我给它取了个名字叫爱丽丝，它长着海藻般的长发，玻璃珠一样的眼睛，还有红扑扑的脸颊和可爱的小酒窝儿，和我在肯德基见到的那个小姑娘很像。

我想，张天越的妹妹一定会喜欢这件特别的礼物。

4

但我没想到的是，我的袜子玩偶爱丽丝在班里掀起了一场大风波。

好像是张天越的同桌不知怎么的就碰掉了我塞在张天越桌肚的布袋子，然后爱丽丝和那张写有我名字的卡片滑了出来。

“许可可暗恋张天越。”

“许可可给张天越送礼物表白。”

“许可可平时静悄悄的没想到一鸣惊人。”

“许可可这才是真人不露相、高手在民间啊。”

……

这样的话像瘟疫一样迅速地在教室里传开。一时之间，恐慌、屈辱、痛楚、挣扎和妥协，这些说不清道不明的情绪排山倒海地向我涌过来，我觉得自己要被湮没了，窒息了……最让我绝望的是张天越那沉默的姿态。

我再一次把自己蜷缩了起来，我想把自己藏得深深的，深一些，再深一些，躲进那个安全的壳里，让他们看不到，再也看不到我。

就像电影《爱丽丝梦游仙境》里的主角小女孩儿一样，这下我彻底迷失了自我。

大约一个星期之后的活动课，张天越从生物园的蓖麻树下找到了正在发呆的我。他的手里拿着我的袜子玩偶爱丽丝，我怔怔地望着他，内心在他熟悉的暖暖的笑容里竟缓慢地升起了一丝期盼的情绪。

“它的名字叫爱丽丝，真是你自己亲手做的？”

我拼命地点头，我告诉张天越，因为他给我介绍了肯德基的兼职，所以我才要报答他，帮他准备给妹妹的生日礼物。而玩偶之所以叫爱丽丝，是因为我觉得他的妹妹就像《爱丽丝梦游仙境》里的小主角爱丽丝一样美丽可爱。我差点儿都要哭出来了，我心里那么害怕，我害怕连他也不相信我。

听了我的解释后张天越什么也不说，拉起我的手就往教室方向走。

5

我被张天越拉着回到了教室，同学们纷纷围过来，我绝望地闭上眼睛，等待轰炸。

但生活果真是一场充满着意想不到的转折和惊奇的梦幻冒险啊，我听到的居然不是那些让我难堪的话语。

“许可可，对不起我们错怪你了。”

“许可可，这玩偶娃娃真是你自己做的吗？”

“许可可，你好厉害，能用袜子做这么漂亮的东西！”

“许可可，你能送我一个袜子玩偶不？”

……

等等，我没有听错吧，我不敢相信地睁开了眼睛。在我面前的居然是一张张带着愧疚、带着笑容、带着惊喜、带着询问的脸，我一下子蒙了。

“她家里还有好多的袜子玩偶呢，让她给我们每人送一只好不好？”张天越大声说。

“太棒了！”开始有女生尖叫着走上前来拥抱我，那种陌生的温暖，让我觉得别扭之余鼻子又有点儿泛酸。

原来张天越他一直都知道，他知道我的心意，这些天里他暗自在努力帮我向大家解释，终于让同学们都相信了我的初衷单纯只是为了感谢好朋友。

6

我房间里的四十六只袜子玩偶最后只剩下了两只。

每天回到家后我心里都会有点儿空，我想念我的玩偶们，不知它们在新主人的家里待得好不好。是的，我给班里的同学每人送了一只袜子玩偶，想到他们把它们捧在手心里时脸上如获至宝的神情，茫然若失的我又觉得很欣慰。

妈妈拿了好多双袜子给我，颜色好看极了，但是现在我要在肯德基里打工，我没有那么多的时间去做袜子玩偶了。

我忽然觉得能帮助家里减轻负担，能让妈妈轻松一点儿，来得比什么都重要。

我在学校里也开始说话了，因为身边的同学和张天越一样都是好人，我不再拒绝他们的接近。他们都说我笑起来的时候很好看。

哪怕没有袜子玩偶，生活也一下子就变得明媚和富足起来。

直至有一天，张天越交给了我一样东西，是两百块钱。

放学后，他把满脸疑惑的我邀请到了他的家去，然后我在他房间的电脑上看见了那些熟悉而亲切的身影。

是我送出去的袜子玩偶，它们的照片被整齐地排列在淘宝店的橱窗里，精致得让人惊喜，让人眼前一亮。而店铺首页顶端的大图居然是爱丽丝，它有着海藻般的长发，玻璃珠一样的眼睛，还有红扑扑的脸颊和可爱的小酒窝。

店铺被装饰得很美，店铺的名字叫作“袜子玩偶爱丽丝”。

在我的眼前仿佛是一个童话。我的眼泪滑落了下来。

我是真没想到，原来他们都知道，原来他们向我讨袜子玩偶只是为了帮我开这么一个淘宝店，他们想用他们的方式来帮助我。

“二十块钱一只，已经卖出去了十只噢！”张天越笑得有点儿得意。

我把手攥得紧紧的，终于，我也笑了。

雨季过境

暖　夏

中考结束的夏天，季风来得强烈，充沛的雨水冲刷着这个本该欢欣鼓舞的假期。在那个时常被雨水敲开的窗户旁，我第一次见到陈于冷。

他站在狭窄的胡同过道里，打着把黑色雨伞。

这并不是雨天散步的气氛，因为他的面前站着一个人，没有打伞，正对着陈于冷。重点是，他的手里握着一把刀。

看那少年的年纪，不过是十五六岁，正是热血满头不思量的年纪，脑子一热不知道会干出什么事来。我有些犹豫地扶在窗框上，不知道是不是该叫一声把那拿刀的少年惊跑。正在这时，撑伞的陈于冷突然抬起一脚，电光石火之间就把持刀少年踹倒在地。那动作很快很猛，持刀少年倒地之后许久都没爬起来。

陈于冷突然抬起头，朝我家窗户的方向看了一眼。我便这样看见了陈于冷，黑伞之下是一张冷漠而略带凌厉的脸，那样隐隐的狰狞让我一见之下再也不能遗忘。只见他左手撑伞，右手取下嘴边的烟，缓缓地吐出一口烟气，而后扬长而去。

那个有着淅沥雨声的下午，距离我与陈于冷的结识，还有整整二十八天。

我所升入的高中叫作十三中，它的大部分学生都来自十三中附中，像我这种从外面的初中考入的学生并不多。而十三中附中又以两种学生闻名，一种是优等生，一种是有背景的不良学生。很显然，我升到的班级里，大部分是十三中附中的学生，而这大部分中的大部分，又是有背景的不良学生。

这样深切的判断来源于一块横飞而来的抹布。

对崭新的高中生活充满期待、穿了一身漂亮秋装的我，在踏进教室的一刹那，被一块抹布正中红心。我一脸惊愕地拿下抹布，发现一个不幸的事实：这不仅是一块抹布，还是一块涂满颜料的抹布。

教室里来得比较早的几个男生正坐在桌子上，涎着脸皮狂笑个不停。

这真是一个荒诞又让人尴尬的开始，我攥紧抹布，在心中默念“戒急用忍”。我的高中生活一定要平滑而完满地过下去。

可这一步却撞在后面进来的人身上，那人发出一声不满的闷哼。

我扭过头，看见一张很可能因为没有睡醒而略带惺忪和不满的脸。那一刹那心中响起千万警铃，我的脑海中迅速掠过落雨的云端和黑色雨伞，记忆最后停留在少年冷漠而凌厉的脸。那张脸的轮廓与面前这张脸逐渐重合，由记忆的黑白色演变到眼前的五官分明。

这个被我撞到又踩到脚的男生，就是雨天里撑着黑伞的男生。

教室里有人喊：“哎哟，冷哥，竟然又同班！”

面前这男生不满地哼了一声，侧过身从我旁边走过，薄薄的衬衫衬托出他蝴蝶骨的轮廓来。

这时候，他突然转过头，盯住我，“喂。”

我吓一跳，退后一步，“呃，啊？”

他指了指门，“不要挡在门口，会影响进出秩序。”

我连忙小鸡啄米，“好……好的！”而后夺命奔向洗手间。水龙头里喷出来的哗哗水声与那个雨天的声音交叠在一起，我想着那日他迅猛的一脚，又想起刚刚撞到他时闻到淡淡的烟草味道。

说实话，我不喜欢烟气，那烟草烧灼后残留的味道，总给人一种难以言喻的窒息感。

现在颜料的质量太好，我洗得都快肝肠寸断了好歹弄得干净了一些，等急匆匆地赶回教室时，讲台上的人正好念到我的名字："朱子欣！朱子欣来没来？"

我连忙举手，"有！"

点名的人扭头看了我一眼，两人俱是一愣。那点名的不正是我刚刚撞到的家伙吗？只不过此时的他戴了一副黑框眼镜，戾气减了不少，多了几分书生气。这里有条真理，无论什么品种的男生，只要戴上黑框眼镜，总会马上具有欺骗性。

匆匆找了个位子坐下，旁边的女生立刻自来熟地凑过来，"怎么样，代理班长很帅吧！""谁？"我忙着把书包往桌洞里塞。女生往讲台上抬抬下巴，"陈于冷，咱班的代理班长。刚才老班过来问有没有想当代理班长的，后面那一群立马起哄，大声喊着'陈于冷'的名字，他当时正在睡觉，看上去很无奈呢。"

让一个一脚把人踹晕的家伙当代理班长？

没料想，直到开学军训过去一半，陈于冷倒一点儿动静都没有，每天兢兢业业地当着自己的代理班长，井井有条地指挥班里的男生打水，还忙里偷闲地和隔壁班的男生打了一场篮球友谊赛，看上去实在是太正常不过了。他完全像一个和平年间的治理能手，而不是战火纷飞里的绝世枭雄。

军训进行到后半程的时候，教官已经和班里的好多人打成一片。这天军训休息的时候，教官突发奇想，问有没有想要跟他过过招的，还说自己的徒手格斗就算在部队里也是一等一。

我下意识地扭头去看陈于冷，只见他盘腿坐在地上，正百无聊赖地望着一朵又一朵飘过去的云，一脸什么也没听见的表情。

这家伙真是掩藏得很好，不去谍报机构上班真是屈才了。

陈于冷没动静，可班上有几个男生早就摩拳擦掌，经不起教官的挑衅，一拍屁股从地上爬起来，刚走到教官面前就被教官以扫堂腿和过肩摔等一系列动作给送到地上去。几招下去，有人沉不住气了，大喊道：“冷哥，上啊！”

教官一挑眉，“谁？”

人群中有人喊：“陈于冷！教官您别不信，他格斗也是超厉害的啊！”

我带着点儿幸灾乐祸的心情看向陈于冷，只见他还是以之前的姿势坐在地上，有些无奈地挠挠头，“教官，您饶了我吧，我骨头没那么硬，这么摔来摔去可是会散架的！”

全班发出一声哄笑，这事也就不了了之。他也倒真奇怪，这么大的男生，多半是热血沸腾的少年，就算有半斤八两的本事，也会在挑衅的眼神和嘲弄的语气里翻身而起，打得你死我活。而陈于冷呢，明明那么好的身手，却在那里稳稳当当地坐着，好像自己戴着个黑框眼镜，就真的是个只会念书的书呆子一样。

军训结束，在这一段适应期里，陈于冷表现良好，自然而然晋级为班长，也开始接收越来越多的女生倾慕的目光。

比如这天早上，陈于冷脸上贴着俩创可贴来上学，立马就有超过五个女生过来问候，班长、班长叫个不停。陈于冷很耐心地应付着，好歹等到早自习开始，把那群女生打发走，便拿着圆珠笔戳我后背，“喂，朱子欣。”

我一偏头，“干吗？”

“等放学的时候想借你语文课本一用，影印一份。”

我扬扬眉，“怎么了？”

“我那本，不小心被我家小狗叼去啦。”

我转过身去，看见陈于冷拈着课本，眉毛垂下来呈八字形，可怜巴巴的表情。那语文课本果然很惨，表皮皱成一团也就算了，里面的好多页都被撕裂，一本昨天还干净整洁的书今天就变得这么触目惊心。

我表示慰问，“节哀顺变。”想一想，补充一句，“喂，我的书可别让你家小狗也叼去啊！”

他笑着比出一个OK的姿势，“安啦。”

这家伙，怎么看都不像个街霸啊，明明就只是个阳光灿烂的高中生而已。我开始深深怀疑，暑假那个胡同里的落雨天，不过是一个连接季风的梦境而已。

这个梦境，就于这个秋风瑟瑟的傍晚，走到现实中来。

正在做糖醋排骨的老妈发现酱油用完了，就火急火燎地喊我去买酱油，我随手披了件外套往外走，到零售超市的时候，看见陈于冷从另外一个门里走出来，手里拿着两本书，一本是我的语文课本，另一本是复印件。原来他也住在这附近，难怪上次会看到他在这附近活动。

正想叫他，突然看见周围走过来几个人，来者不善地走向陈于冷。为首的一个人和陈于冷交谈几句，几个人便向胡同纵深处走去。

我立刻产生一种黑道电视剧拍摄现场的错觉，四下看看，也跟上去。

胡同逼仄，我躲在电线杆后头，看见那个为首的情绪激愤地和陈于冷说着什么，后者却是惯有的冷淡表情，冰凉地回了句。对方彻底被激怒，狠狠推了一把陈于冷——他竟然敢推陈于冷！这家伙可是会佛山无影脚的！

就在那句“兄台快逃”喊出口之前，对面那几个都围上来推打陈于冷。奇迹出现了，陈于冷竟然没有反抗，任凭那几个人的拳脚砸在自己身上，好像个受虐狂一样，只紧紧握住两本语文课本……都这时候了还要什么语文课本啊？难道陈于冷身受重伤武功尽失？那就扔了课本快跑啊！

正想着，一个人劈手去夺陈于冷手中的课本，却被他一手制住，一个轻易的锁拿，摔了出去。那几个人显然没想打陈于冷有这手，都愣住了，纷纷后退几步。

这下，我终于听见陈于冷的声音了：“这是我同学的课本，再弄脏，就不太好了吧？”

“呵呵，一本书比我弟弟还重要？”

“我说过了，是他先找碴儿的。谁知道他那么不禁踢。”

“你！……谁在那边？”

我战战兢兢地走出来，“……打……打酱油的。”

陈于冷看到我，目光柔和一些，“放心，书还是完好的啦。”

……这不是重点吧？

大概觉得现在这个气氛越来越不适合决斗，对面的人喊一声：“陈于冷！你给我等着！血债血偿！”便撤退了。

陈于冷望着那群人远去的身影，很不应景地回复：“根本没有血啊，那小子受的是内伤。”

“刚刚怎么……不还手？”

陈于冷看我一眼，反问：“打打杀杀很好玩吗？”

我被噎了一下，“……可是你们……那天……”

“我家是功夫世家，从小就练功夫，可做人道理也是要教的。小时候不听话，爱打架，之前有一次……惹了一个浑小子，拿着刀子说着什么幼稚话，我一时冲动就给了他一脚，没想到他……现在还在医院躺着，想起来真是后悔，要是没踢那脚就好了……”

陈于冷仰头看着天，乌云滚滚袭来。

似乎，又要下雨了。

我晓得，有人在跟踪我。因为……我已经被他们堵到胡同里了……

我也晓得，究竟发生了什么事。因为我看到上次带着几个兄弟堵陈于冷的那个人了，他胳膊上刺着老鼠刺青。

我后退一步，诘问：“打打杀杀好玩吗？”

老鼠冷笑一声，“不好玩。但是仇要报。”

我继续后退一步，“这样下去的后果你我都清楚，更多人受伤害，更多仇恨滋生，你作为老大，不应该为大局着想吗？”

老鼠继续冷笑，“但是，要先报仇。”

我猛地向前进一步，指着老鼠，色厉内荏，“你以为这就是你躺在病床上的弟弟想看到的结果？你身为哥哥，其实应该为你弟弟现在的状况负直接责任！他之所以变成这样，都是耳濡目染受到你这个哥哥的影响！你以为是陈于冷的错？不对！内因才是决定事物的根本因素！真正的罪魁祸首，是你、自、己！”

老鼠被我突如其来的反击吓了一跳，竟然干站在原地，一动不动。估计从来没人给他们讲过大道理，这群人有智商不用，只知道热气腾腾地挑衅，靠着肉搏消耗无处安放的青春。

我再接再厉，“你以为拳脚真的可以解决一切？非得等到大家都躺在医院甚至躺在更可怕的地方，才知道一切都完了？这个世界很残酷，却也很美好，你真的没有一点儿留恋就想着大义凛然地赴死？再说了，陈于冷也很后悔，他去看过你弟弟很多次，也决定不再打架。他都可以，你身为老大，就没有这种觉悟？身为老大，你应该更为成熟地思考！”

都给他扣上很多顶老大的帽子了，老鼠站在原地，犹疑不决。

“我觉得，你应该跟陈于冷谈谈，和平解决是最好的了。这个世界需要和平啊。”

我悲叹一声，背手望天。

“我说完了，你还要打？”

老鼠笑了一下，摇摇头，“真是个嘴皮子厉害的丫头。我们走吧。”

望着那群人逐渐远去（队尾还有人回头对我报以崇拜目光），我擦了把冷汗，没想到第二课堂上学的谈判技巧，竟然能在这儿用上。

还有……知识改变命运啊！

陈于冷最近心情不错，具体表现是课间时坐在后头，一边练钢笔字，一边哼歌。

“什么事，那么开心？”

“你还记不记得，上次在胡同堵我的那个人。”

我佯装想了想，“哦！那个啊！有印象！长得贼眉鼠眼的。”

“他竟然来找我，说什么和平谈判，一大老粗讲这个，还一本正经地告诉我内因是事物的决定因素，没想到他也学过哲学啊？”

我咳嗽一声，四处看看。

“还有，谢谢你啊，朱子欣。”

我表情凝滞，“……啊？”

陈于冷意味不明地笑，“结束的时候，他对我说——你真是，交了个了不得的女朋友啊……你脸红干什么？”

我扯扯衣领，装模作样地回过头去找课本，“天……天气，突然变得有点儿热……”

陈于轻笑一声，在身后继续哼歌，“董小姐/我也是个复杂的动物/嘴上一句带过/心里却一直重复……”

哎呀，雨季好像……终于过去了。

长　夜

晞　微

1

甘棠看着被自己翻得乱乱的房间，一屁股坐在了地上，休息了一会儿，又爬起来找。

甘棠在前几天买了一个陶瓷吊坠，回家后顺手一丢就去洗澡了，后来就忘了有这回事，等到她几天后想起来，想找出来，结果却找不到了。

甘棠一脸沮丧地撑着头从脑海中构思各种可能落到的地方，但吊坠就像和她赌气一般，找不着踪影。

“在床头柜和墙壁的夹缝里啦！冒失鬼！”身后一个女声响起。

甘棠被惊得一跳，看着四周：“谁？”

“我在这儿……”上方传来声音。

于是甘棠看到了一个女生飘浮在自己头上，甘棠张着嘴，却没有一般人应该有的惊恐，因为面前的女生与自己的容貌竟有几分相似，她皱着眉思索这个女生与自己的关系，不经意瞥过对方游离的样子，连忙掐了自己一把，没有疼痛感传来，甘棠一乐，“我就说嘛，是梦啊……不过……”她摇摇头，“你怎么知道我的吊坠在哪里？”

头上的女生看着眼前自言自语的可爱姑娘，粲然一笑，向她伸出手，两人在地上坐下来，“让我告诉你你心里要的答案吧。”

杜梨是她的名字，她只记得这一点。杜梨并不是所谓的“鬼”，但她也不能算是人类。许多人在去世之前都很不甘心，因为还有愿望没完成，杜梨也是，所以在杜梨的灵魂离开后，心中的执念化成了如今的杜梨。因为灵质特殊，所以只能晚上与甘棠在梦中相见，白天甘棠是看不见她的，而满月时杜梨必须附在阴凉之物上，比如甘棠家的杂物间里的眼镜。

“呃，那为什么你和我这么像？我没有什么去世的亲人啊……”甘棠努力消化杜梨的话，并说出了自己的疑问。

“忘了，不知道了。”杜梨摇摇头。

“哦……没关系啦。”甘棠故意拍了拍杜梨，做出一副大姐大的样子，“以后就是朋友了哈哈，我会陪着你的。”

两人相视一笑。

甘棠醒来后果真在床头柜与墙壁的夹缝中找到了自己的吊坠。吃早饭时，她问正在看电视的妈妈：“我们家的杂物室在哪儿？我的书放不下了，我想放些不用的东西去那里。”

妈妈愣了愣：“怎么突然想放那儿了，放我房里吧，那儿锁坏了。”

“哦……”甘棠失望地低下头。

2

甘棠一出门就看见舒望在巷口等着她，她欢快地跑过去，“啊哈，胆子越来越肥了，不是让你在街头等吗？”

舒望笑看她，眯着眼看她手里的蛋糕，“你不是在家吃吗？吃这么多会变胖的哟。”

甘棠没好气地白了他一眼，“没吃饱！总拿我开玩笑。”

甘棠小时候是个胖妞，长大后才瘦下来一些，舒望知道后总是以此打趣她。

舒望是甘棠的男朋友，两个人起初是在论坛上认识的，因为互相感兴趣而加了QQ，后来发现两人居然是同镇的，而且两家只有十五分钟车程。于是友情就发展到了生活中。

舒望对甘棠表白时，两个人在看演唱会，当阿信唱到“多遥远，多纠结，多想念，多无法描写”时，舒望对热泪盈眶的甘棠大声喊：“我们在一起吧甘棠！”

甘棠在吵闹的声音交杂中辨认出了舒望的话，惊讶地抬起头，头皮密密麻麻地像有电流炸开，在这个让人感动的场合，她脑中满是欣喜，堵住了词汇的迸发。

舒望看着一脸惊吓的甘棠，失望地扭过头，有懊恼压在喉咙口。

演唱会结束后，舒望走在前面，走了几步发现甘棠并没有跟上来，他疑惑地看着她，“走吧，我送你回家。”

甘棠还是不动。

“怎么了？”舒望有些奇怪。

甘棠心里总算拼接好了要说的话：“我走不动了，过来拉着我走！”

舒望“扑哧”一声笑了，拉过甘棠，“反应真迟钝呀，够傻的。”

3

杜梨目瞪口呆地看着甘棠，“不是吧？那么重要的场合你居然傻到话都说不出来。”

甘棠撇撇嘴，“我只是太惊喜啦。”

杜梨盘起腿，恢复一本正经的样子，“不过，你为什么最近总是一副提不起精神的样子？”

甘棠叹了口气，“还不是因为舒望他要高考了，他比我大一届，他考完了我就得一个人了。而且他说他喜欢北方，但我喜欢南方啊！”

“这样啊……”杜梨若有所思，“我觉得你应该按照自己的意愿。我不是让你离开舒望啦，但现在这个年纪有多少对喜欢的人能相伴很久呢？如果你们在大学期间分手了，那你为他努力考去他那里岂不是白费力气。异地恋也挺浪漫的哪……你也要为自己着想。”

甘棠的确没有仔细想到这方面，她只是想到眼前，没有长远打算。这样一想，杜梨说的确有道理。

第二天甘棠把去南方的想法和舒望说了。舒望有些意外，点了点头：“你喜欢就好。”

几个月后，舒望收到了青岛一所大学的通知书，出发的日子刚好是甘棠十八岁成人礼生日，虽然有些遗憾舒望没法帮自己过生日，但甘棠还是对自己说没什么，以后有机会啦。

送行前的晚上甘棠和杜梨见面，杜梨有点儿心不在焉，“嗯嗯”“哦哦”地应着，甘棠看杜梨一副不上心的样子，起身，“要不，我先走吧。”

“不行！”杜梨突然跳起来。

“嗯？”

“我想起了一些以前的事……你要不要听？”

甘棠又坐下，听杜梨把记忆拼接起来。杜梨说，她记得以前家里有条叫“牛奶”的狗狗，隔壁家爷爷总带自己一起去玩……她那时是独生女，更多的时候是一个人待在家里，后来有一天，妈妈满脸幸福地说：“梨子，你想不想要个弟弟？”

“后来呢？”甘棠问，无意间脑中掠过舒望的面孔，她猛地站起来，“下次再听你说，我要去送舒望。”

甘棠没有赶在舒望走之前见上他一面，和他告别。杜梨的故事让她12点才醒来，舒望10点就走了。甘棠心里有些恼火，想起杜梨昨天的反常举止，她觉得她就是故意的。

4

那天晚上，甘棠和杜梨吵了一架，甘棠心里被各种情绪挤满，在杜梨面前全都宣泄了出来：“杜梨你就是故意不让我去送舒望的！你就是嫉妒我！嫉妒我有家人朋友，有生命，有很多的爱！”甘棠的眼泪淌了下来，她用手狠狠一抹，瞪着杜梨。

杜梨的身体在听到甘棠的话后一僵，随即她软软地坐了下来，“我并没有嫉妒你，我是希望你好，你……”

甘棠脸上全是愤怒，她看着杜梨，把腰挺直，居高临下地看着杜梨，一字一句地说：“你、真、阴、险、啊、杜、梨！”

越是曾经深情依赖、信任过的人，吵起架来越是一针见血，不管对方是对是错，也要用最尖锐狠毒的字眼儿深深插入对方心脏。

甘棠不顾自己多狼狈，也不管杜梨为什么要这么做，但她从没有今天这么强烈的预感。预感舒望这么一走，会是结束。

舒望在三个月后打来了电话，甘棠从沙发上跳起来去接。事实证明，甘棠的预感是对的，舒望以前总揉着自己的头发认真地让自己努力考上大学，因为大学是个好平台。甘棠对此不以为然。然而大学真的是个好平台，一个让舒望可以慢慢挑选比自己更好的女生的平台。

预料的事情发生之前，甘棠设想过无数种面对它的态度。她想她一定歇斯底里像个泼妇。但真的发生之后，她却一点儿都激动不起来，她想，大概是因为和杜梨的争吵耗尽了她所有的力气吧。

她与杜梨依旧冷战，她把原因归咎为杜梨的嫉妒。

5

再后来，甘棠考上了一所南方的大学，在夜里，她总会想起杜梨。一次脑海中忽然跳过杜梨的话，回家时她跑去了杂物室。

杂物室的门紧锁着，甘棠拔下发卡，拨了一会儿锁就“啪”的一声弹开了，扬起的灰尘让她皱眉。

甘棠果真看见了杜梨，准确地说，是小一号的杜梨的照片，被收藏得很妥帖。甘棠拿着它去问妈妈：“杜梨是谁？”

在妈妈的讲述中，甘棠听到了杜梨未说完的记忆。

杜梨五岁时，妈妈挺着肚子欣喜地问小杜梨：“梨子，想不想要个弟弟？”杜梨高兴地点点头，从此，小杜梨每天多了项任务，每天都要和未来的弟弟说会儿话，她相信他能听懂。

几个月后，妈妈却生了个妹妹。爸爸拿着古书起名字，最后在《诗经》中找到了“甘棠”，因为甘棠树的另一个名字是杜梨树。

甘棠满月时，按照家乡人的习俗，邀请人来算运程。那时的人们还挺迷信的，所以当算运程的人皱着眉头说出“小姑娘成人那天忌出行”时，一家人如临大敌。本着“宁可信其有，不可信其无”的想法为女儿四处求平安。

“那时候梨子多可爱啊！”妈妈抹了抹眼泪说，“她总是处处护着你，还说以后就可以天天陪着你不让你孤单，但后来……她还是没能陪你长大……我也傻，怎么能让她一个人在水塘边玩呢。咱们家乡的风俗，小孩子意外过世都不要宣扬的，免得对家里别的孩子不好，这些年，我也没告诉过你。”

甘棠心里所有的郁结都解开了。她不知道该说些什么来安慰妈妈，她抱着妈妈，心里的愧疚、感动与伤心盖住喉咙，发不出任何声音。

6

甘棠坐在房间里，她觉得自己是做了一个梦，梦里有个叫杜梨的女生。她现在却找不到她了，欠她的永远还不了了。

她记得杜梨还在时，最爱听她唱五月天的《我不愿让你一个人》：

你说呢

明知你不在还是会问

空气却不能代替你出声

……

我不愿让你一个人

一个人在人海浮沉

我不愿让你独自走过风雨的时分

我不愿让你一个人承受这世界的残忍

我不愿眼泪陪你到永恒

孟 曦

夏 色

学长好，我是林青花。

我想了很久才决定写信，你知道的，秘密被人偷看后总会不死心地想去掩盖，虽然我不曾做过什么危害人间的事，但撒谎这件事，真、的、不、关、你、事！麻烦学长您就当吃完饭剔剔牙把那天的事全都从你脑袋里剔除！

我是孟曦。

在你想要我保守秘密前，麻烦你先把校刊的专栏交代清楚！青花同学，你该不会忘了我已经是文学社社长的事实吧？你要知道，南方还下雨的冬天不少，我去你家那天刚刚好撞上个百年难得一遇的大冷天，刮着凛冽的风！落着一滴就能寒到骨子里去的雨！在我排除万难终于安全到你家的时候，你居然不让我进门！连杯热水也不施舍，你知道那一刻我有多么想把意见簿砸你头上吗？

我知道你一定很想搞清楚为什么我知道你家地址。连你班导都搞不定的事，其实很简单，只要每天你回家的时候不东张西望，无论谁都能跟着你然后找到你家。只是没想到，你回的是你真正的家。

我记得你说过，你住在A街3号，很明显，又是个谎话，我说学妹啊！你让学长我很痛心哪！一个有着光明未来的文艺青年（你的性别肯定也是骗人的！），不求你写文章贴近实际，你也不能瞒家庭住址呀，你让你朋友咋找你哪？稿费要不要了？

我是林青花。

这封信后面附着一篇《紫色》，这月的专栏交代完了，你别再来我家了！绝对不要来，如果让我在家附近撞见你，我一定会喊：“非礼！色狼啊！”我正式通知你，孟曦同学，我是如假包换的女生！女生！女人跟男人的差别肯定比孟曦和林青花的名字的区别还要大一万倍！

贫民的世界你肯定不懂，你不会明白顶着贫困标志有多痛苦。

每次去书店看书，那个阿姨就会像看到脏兮兮的流浪狗一样，既厌恶想赶走我，又碍着面子不好吱声，然后偌大的一间书店，她愣是要盯着我，用厌恶的不满的神色警告我滚蛋。我很想像你们那样甩出几张钞票抱走一摞书，可惜的是，我家的荷包天生是个瘦子，咋吃都不胖。你一定想问我是怎么跻身于专栏写手这个位置的，其实贫民有贫民的办法，图书馆和盗版大叔那是我的天堂。只是天堂有天堂的规矩，我连办借书证的二十块钱都要不吃四五顿早饭才能让荷包鼓那么一点儿。每月1号必出现在校门口的盗版大叔你见过吧！不过你也肯定会吝啬那几张票子，盗版这个词是很让人鄙夷的存在，可我不得不用三块钱换来一本杂志，尽管它错字连篇、纸质可以和厕纸媲美，可它却让我有了那么一点儿满足感。

至于撒谎的原因，我是打死也不说的，尤其是对着你这么个异族跟踪狂！

我是孟曦。

你以为外星人会帮你守住秘密？不可能，就算你说再多你的辛酸史，本社长也绝不会手软！绝不会！你的《紫色》怎么那么多字？足足超了五百！五百！我懂了，你是想让我累死在删改大路上是吧！哈哈哈，不好意思，我还生龙活虎地等着林青花你给我斟茶送水，说尽好话后，我也一定不会给你留情面（我是很公平很公正的）。

你说的很对，我的确不怎么懂没钱的滋味，可我也不会骗人说A街3号是我家，那是栋豪宅！谁会住那儿啊！你一定没让朋友去过你家或是豪宅，但我还是要奉劝你一句：若要人不知，除非己莫为！

没有任何谎话可以永恒，与其提心吊胆地担心这担心那的，不如直接坦白，没人会因此看不起你嘲笑你，除非你自己看不起自己。

哦，还有，《紫色》的稿费比上个月的多了一些，因为学校最近真的像中奖了一样，经费又拨了下来。

我是林青花。

你什么眼神哪？A街3号明明是豪宅旁的蓝色条纹屋，就像你说的，谁会住那儿啊？我把A街3号称为蓝屋，蓝屋是叔叔买给爷爷住的，现在爷爷暂时不在，我帮他看房子而已，更何况我家那么远，上学也不方便。

距离你的信已经十天了，这期间我一直在想，如果现在的朋友又像以前的朋友一样嘲笑我看不起我怎么办？如果失去了朋友怎么办？要是所有人都知道林青花不去食堂吃饭不是因为嫌饭菜难吃、上课用睡觉抗饿不是为了减肥、整天穿校服也不是因为喜欢，全部是因为没钱，那些发誓要一起减肥成功、崇尚小清新、口味挑剔的同伴，会不会全都忽略我？

考虑了很多，可还是没办法像面对你一样轻松地说出来。我不想做胆小鬼，不想撒谎，更不想回到被人看不起嘲讽的过去，是不是说谎，一定得不到原谅？如果她们是孟曦就好了。

最后，谢谢。

我是孟曦。

这个世界没那么多如果，你不说怎么知道她们不会原谅你，为什么不跟她们讲你的过去？现在都高二了，三观都形成了，不会像小孩子那么不知轻重，当然你不愿意也没办法。

不过，要是说出来，真的有人嘲笑你，那你就捂住耳朵。有些事，还是早断了的好。话说，突然正经地说话还真是不习惯，林青花同学，如果没记错的话，4月的专栏你还没交！请问，何时交代清楚啊？要不要十大酷刑伺候伺候？

还有，本社长要备战高考，承认错误的事就你自己解决，勿回。

我是林青花。

现在已经是7月份，自从孟曦不再回信以后，我就不再写信了。

其实我只见过他一次，还是在他来找我的那天。我一直记得孟曦气势汹汹地蹦到我面前，伸出食指对着我喊林青花时，那一头栗色的乱发，裹着一条像炭一样黑的围巾，盯着我的眼神中仿佛真的会跳出一只憨憨的小熊扑向我瘦弱的身子。当时我只想着怎么糊弄过去，结果他居然要水要暖气要毛巾啥的，天知道他脑袋怎么装了那么多我想要的东西，反正我没有。一口回绝后，满脸吃惊加气愤的男孩儿突然推开我钻进我破落的小屋，我似乎可以猜想到那时我的脸是一阵青一阵白的。我艰难地挪着步子进屋，可他并没有露出鄙夷的神色，像自己家一样躺在我唯一的沙发——床上。

其实还有个谎话没被他发现，那就是我没有朋友，一个有人群恐惧症的人，怎么可能会与人深交？至于说谎，也只是对老师说A街3号的蓝屋是我爸爸买的，只是不想其他人看我的眼里多份同情。

我的人群恐惧症，是从读五年级时带朋友去我家开始的。那段短暂的记忆在我脑海里绵延了一条又一条覆满白雪的山脉。那时的我有七个好朋友，但看了我家以后，一个不剩。大概年少就是得忍受那句“原来青花的家是这样的哦”，还有那不过待了几分钟就不耐烦地催促离开的表情，深深地刺痛了我的每一条神经，逐渐地害怕、萎缩，自尊心蜷成一团雪球，“啪”的一声，碎了。

很想当面对他说谢谢。不是每个人都会很幸运地遇见一个尊重你的妄想并给予温暖的男孩儿，稿费里突然多出的几十块钱，不管我用脑袋想还是脚趾头占卜，都不可能会是天上掉的馅饼，但我不会拆穿他的谎话，像他明知谎话是假却依然不戳破一样。

再过一个月，我就要上高三，高考过后，所有的伤痛都会离去。谎言也好，嘲笑也罢，青春注定不会有悲伤的结局，除非有谁希望它是个悲剧。

有一种回忆叫青春

咸泡饭

陈同学是标准的鞋拔子脸，长相与历史课本上的朱元璋画像一模一样，下巴弯得像秤钩子。高二分班之后，陈同学就成了我的同桌。我那时候是尖子生，除了英语差点儿，其他都还行，语文特优。成绩好也就罢了，关键是人长得帅。我爸的朋友见我就夸：“哎呀，公子真是一表人才。”这样的话我听得多了，从来就没当一回事。我的意思是：帅得这么明显，还用说吗？大家应该能猜到，我那时候很狂，有点儿目中无人。

高二的时候，赶时髦的同学开始早恋了。我义无反顾地加入其中。当然，第一次谈恋爱，经验值为零，现在回想起来，简直傻到可笑。当时的情形是这样的：新学期伊始，教师节和中秋节赶到一块儿去了，学校破天荒地放三天假。放假前一天晚上，我高一时的同桌顺子在走廊喊我的名字，这时候我们已经不同班了。听到喊声，我赶紧跑出去，让他别嚷嚷了。他说不知道我被分到了哪个班，说完就递给我一张纸条。

我问：“什么玩意儿？”

他说：“是你们班英语课代表让我转交给你的。”

我纳闷儿极了：“我们班英语课代表的纸条，怎么会让你交给我？”

他说："因为课代表以前的同桌现在是我女朋友。"

我问："课代表给我纸条干什么？"

他说："她是要追你。"

我打开纸条，上面写着："晚自习后校门口见。"字很丑，像小学生写的。

于是，我和我以前的同桌，课代表和她以前的同桌，拼成了两对恋人。

离晚自习结束还有四十五分钟，我拼命想看清课代表的模样。在此之前，我没注意过她。如果她是语文课代表，或者数学课代表，哪怕是政治课代表，我都会多看她一眼。可她偏偏是我不喜欢的英语课代表。我的意思是我不喜欢英语，结果连英语课代表也不喜欢了。不过既然她要追我，我就要义无反顾地被她追，不然怎么算男子汉？有那么一瞬间，课代表回头看了我一眼，不过很快就回过头去，若无其事地埋头看书了，但是我觉察到她对我的关注了。

放学后，我如约在校门口等待，顺子很快也到了。我们看到课代表和她以前的同桌推着自行车走出校门。他们三人都走读，只有我一个人住校。穿过马路，从学校涌出来的人潮就四散开去，顺子无比自然地牵着他女朋友的手，走在前面。我一下子无所适从起来，心里纠结了一会儿，还是没勇气牵课代表的手。我们打算在学校附近的奶茶店喝奶茶。

我说："离学校这么近，会不会被老师发现？"

我的潜台词是：能不能躲远点儿？早恋在我们学校是大忌，一旦被发现，就有被开除的危险，起码得叫家长来谈话，太麻烦了。顺子说："没事，管那么多干吗。"我只好跟上去，自始至终，我都提心吊胆的，奶茶当然喝得没有滋味。

在奶茶店明媚的灯光下，我终于看清了课代表的模样。通过对比，我发现顺子的女朋友更漂亮，皮肤白白的，还穿着裙子，明朗的表情里透着一点点可爱，正正好。我的女朋友却戴着眼镜，眼睛藏在镜片后面，有点儿捉摸不透，而且刘海儿有点儿长，都遮到眼睛了。她时不时地甩一下头发，在我看来，这个动作简直矫情死了。总之，喝完奶茶，我发现课代表不是我喜欢的类型。我可能更喜欢顺子的女朋友，但是顺子是我的好哥们儿，我怎么可能去喜欢他的女朋友呢，所以我非常失望。从奶茶店出来后，我推说宿舍快关门了，就独自走了。

第二天，我们又相约去逛街。顺子牵着他女朋友的手，他看到我和课代表像陌生人一样并肩走着，觉得不可思议，说："你们干吗不牵手啊？"他这么一说，我反而坚定了决心，索性离课代表远远的。于是气氛被我弄得很尴尬。当时的我真是个傻子。后来顺子还给他的女朋友买了小礼物，记得是一个铜制的蝴蝶胸针，女孩儿当场就别在衣服上，笑得像花。而我则一毛不拔，还一副若无其事的样子。我想：如果时光倒转，重新来过，我不会那样表现了。

自此之后，我们就再也不说话了。一直到高三毕业，课代表一直是课代表，她从来不理我，视我如空气，发作业本的时候都是远远地扔给我。她一定恨死我了。不，我都不配她恨，她肯定是鄙视我。

我的第二场恋爱就和陈同学有关系了。当然，我不是与陈同学恋爱，他是男的。我说的有关系是指：陈同学在我的这次恋爱中一直担当着"电灯泡"这个角色。

我那时候喜欢一个假小子，假小子有一个很俗的学名，因为隐私，我还是不说姓了，反正名字叫芳芳，就是村里有个姑娘叫小芳的芳芳。芳芳成绩很差，考试基本上就是抄我的试卷，我当然乐意给她抄，这是我对她献媚的主要方式。芳芳一头短发，经常穿衬衫，从不穿裙子，坐在后排，混在男生堆里。不过，你要是以为芳芳没有女人味，那简直就是挑战我的品位。事实上，芳芳跟男人比起来，还是很有女人味的嘛，比如说话的声音特别甜美，嘴唇薄薄的，泛着晶莹剔透的光，看上去迷人极了。她有时候往桌子上一坐，双腿直溜溜地垂下来，好看得不得了。在我看来，那些坐在前排的女生，成天埋头学习，连下课也不去一趟厕所，真是不近人情。而芳芳那么自然，是个活生生的人类，看得见摸得着，怎么能不让人喜欢呢。于是我就喜欢她了。

然后我就写纸条给芳芳，写好纸条，就戳戳她的背，芳芳头也不回，只是伸手接过纸条。我在纸条上写："下午放学后去逛街，请你喝奶茶。"芳芳写的是："我想吃鸡腿。"我就接着写："那就吃鸡腿吧。"

自始至终，都与陈同学没有一毛钱关系。可是，每到最后时刻，我总是不争气地对陈同学说："下午一起逛街吧。"每次陈同学都高兴地满口答应。

之所以要叫上陈同学，是因为我还不确定芳芳那时候也喜欢我。因为据我所知，任何一位男同学请芳芳吃鸡腿，她都满口答应。而在我看来，互相传递纸条、逛街、男生请女生吃鸡腿，就等于在恋爱了。不过我知道这是一厢情愿的想法，芳芳不一定这么想，所以在进一步确定关系之前，我叫上陈同学，掩饰我对芳芳的一片痴心。

逛街。陈同学完全不能领会我对芳芳的特殊感情，走路的时候还时不时地插到我和芳芳之间，他的大嘴巴不停地聒噪，喧宾夺主，芳芳一直在听他说话，我反而显得有点儿多余。我给芳芳买的礼物他也说不好看，还把我以前那段不成文的恋情抖了出来。芳芳听完，很认真地问我："真有这事？天哪！你还跟那个死女人谈过恋爱啊。"我忘记说了，芳芳最讨厌英语。

我对陈同学的好感从那天开始就一落千丈。刚刚成为同桌的时候，陈同学视我为偶像，逢人就说："这位是我哥们儿，在咱们这个学区，他的作文写得最牛，谁敢说写得比他好，我不服。"我听着很受用，迅速与他建立了友谊。

很快我就发现，陈同学的哥们儿可远远不止我一个，13班的奥赛冠军是他哥们儿，2班的飞行员儿子是他哥们儿，5班的那个打球像艾弗森的人是他哥们儿，就连那个经常在校门口敲诈勒索的小混混也是他哥们儿，真受不了。我算明白过来了，他的哥们儿确实不少，但是他的哥们儿可从来没把他当哥们儿。他口口声声说我是他哥们儿，我现在却有点儿鄙视他。我觉得他不过是在掩饰自己的自卑罢了。

陈同学被人识破之后，就更不受别人的待见了。有一次，他与另一位同学发生了冲突，两个人拉扯在一起。显然，陈同学不敌对手，不过他嘴上不肯认输，放出狠话，说某某地方的扛把子是他好哥们儿。这时候，他的对手指着我说："你不是一直说驴（我那时候的外号叫驴）是你好哥们儿吗，驴，你现在说，你是不是他的哥们儿？"

我当时没怎么思考，就说："不是。"

我记得当时陈同学缩了缩脖子，然后上课铃声就响起了，大家就进教室了。

后来芳芳对我说，觉得陈同学也可怜兮兮的。

从那以后，我经常担心陈同学偷偷害我。据我所知，自尊心经常受到践踏的人，心理往往扭曲、变态，保不准做点儿出格的事情。我想过向他道个歉什么的，但是一直开不了口，时间很快就过去了，这件事好像也不了了之了，大家都没有再提起过，我也还活得好好的。

关于我和芳芳的恋情，其实没有下文了。因为学业繁重，我慢慢学得有点儿吃力了，尤其是英语，越来越讨厌了。做不完的作业，也没有时间谈恋爱。不过我对芳芳的喜爱，一刻也没有停止过。一直到高考之前，我都无偿地让她抄我的作业和试卷。

我不知道这些事情，能不能勉强叫作青春。回想起来的时候，还是莫名地有几分感慨。

记老乔的一次失恋

小太爷

昨天下午我闲极无聊重温神夏时，老乔敲开了我家的门。他还跟小时候一样，顶着看来温和实则……凶险的一张笑脸，成功说服我妈，让我移驾隔壁——他家。

虽然有一种被卖了的感觉，但一般这种时候，老乔都会跟我说一些重要的事情。

比如第一次他让我上他家玩，他告诉我，他不叫乔乔，他叫乔上荣。

第二次他说，他叫这个不是因为要纪念他曾经在上海呼风唤雨的祖辈，而是因为这是古建筑中的一个术语，而他爹是学建筑的。

后来我们都上学了嘛，鬼混在一起的时间也就长了，这种诡异的长谈很少有了。

说起来这是第三次。

老乔给我拿了橘子，坐在我旁边，边扒边说："老子让人踹了。"我看他一眼，他没理我，依旧目视前方。

快近傍晚，阳光开始柔和起来，澄澄的一片金黄，厚实温暖。

"还有呢？"

乔上荣想也没想："还有我现在很想杀人。"

"我是单传。"

“脑子坏掉，单传得是男的。”他终于看了我一眼，于是想杀人的人变成了我。

我自认作为高傲冷艳的乔学霸的幼时好友——更何况我还是他同桌——他的动态我应该十分掌握，但是如今在我眼皮子底下出了此等大事……哎哟……我面对这个胆子很肥的小伙子不禁心花怒放——真是——活该啊！分得好啊！让你不告诉我！喜大普奔啊！

“你现在心里一定特高兴。”老乔戳穿我，鄙夷地说道，“我还不知道你。”

“大哥你有点儿良心。”我还是难以压抑心中的狂喜……

不过这话也没错。

乔学霸刚上高一的第一个月人缘特别差。刚去嘛，老师让我们随便坐，他进屋一眼就盯到我了，过来就把本来坐在我旁边的同学撵走了。那姑娘很生气，脸气得发红：“我是她室友！”乔上荣落座，歪头看看她，“我爸和她爸也是室友，需要比一比谁早吗？”

我觉得我的高中注定坎坷，因为我有一个……好发小儿。

他话少，只有在熟人面前才会开开玩笑什么的。老乔不喜欢一切团体活动，所以就被大部分人忽略了。老师手里的班干部名额实在太多，最后万不得已才找到老乔当了英语课代表，他搭档有四个，他是五号……有一次英语老师要个什么东西，特别急，要找几个人写。老乔手里分到四张，他摆了一桌子，特别无奈地又收起来，准备好笔，看样子要自己写。我闲着，一下子就抽过来了两张，后来老乔被老师深深地表扬，夸他……字好看。

而且最重要的是，这种事情我帮他干过不止一回两回——左边的朋友请收起你敬仰的目光。

老乔捂着胸口，做林妹妹状，“难受。”

“去死啊。”我从牙缝里挤出几个字来。

“你认真的？”

“这都信？”

是啊……乔上荣的判断力，接近于负无穷。

老乔生命里最大的乐趣就是看电视剧，各种美剧英剧……他从小就享受那种听不懂的被虐的感觉。总之什么都看，就不看国产剧。我有一阵子价值观扭曲，特别愿意看现在看来是很“乡村非主流”的偶像剧，各种趁各种美各种死去活来。我这人最大的毛病是我自己爽了还不够，一定要大家一起爽，所以我逮到个人就给他讲。很不幸的是，老乔经常被我逮到，我光讲还不够，强迫此人回家看。当然，他捍卫了自己的口味。

我也是一个有暴脾气的少年啊曾经，于是跟他说：“三天别跟我说话。”

后果是可想而知的。

后来老乔告诉我，他其实也憋够呛，但是一寻思，我说三天不让他跟我说话肯定是有道理的，他说了也许还会让我觉得很难受。

这里应该加一段容貌描写。

老乔小时候脸是扁的……这个到底是为啥我也没研究明白。后来他逆袭成为了人生赢家，他脸变圆了！眼睛变大了！皮肤变白了！总之越来越顺眼……

好，我们现在继续回到我和老乔昨天的对话。

老乔苦笑，忧伤得跟个啥似的。

“爱情没有了，咱还有好吃友啊。”我劝他，“天塌下来有个儿高的顶着，更何况还有那么多建筑物呢！”

老乔还是苦笑，“你就不能假装你是个女的。”

这话让我瞬间想起了我的球哥。

“我……咋了？”

我不能不承认，我也只是偶尔像个女的。我会换水，会往班级的后门上刻“二百五十位女嘉宾请为我留灯”，会把刘海儿夹起来只是因为热还有没洗头，会因为桌子不稳而把饭卡垫桌脚以至于中午没有饭吃……

“我就记得有一次，我刚去就看见你躲在书桌膛里。”乔上荣声音很好听，有点儿哑但是说话清楚，缓慢得像讲故事，“我寻思这是干吗呢？然后你说你本来想把书桌膛里面粘得特别紧的挂钩薅出来，结果脑袋卡课桌里出不来了……”

我摸着脖子，“是，后来你给我拽出来的。”

“这种事干吗不等我来呢？”乔上荣又扒了一个橘子。

“等你来了，等你来把我薅出来了！”

“薅挂钩。”乔上荣简单明了，“何苦费那么大劲？”

我舔舔嘴唇，想了半天才说：“不习惯求人。”

“精神病。还有初中的时候，每次一起迟到你都编各种理由啊，让我进屋，有时候编得不圆你就罚站了。什么来着？送老奶奶过马路，中途被老奶奶踹了一脚，老奶奶跑了，你去抓她，然后我等你……哦，少年，你是在逗老师吗？”

我笑：“她罚我站，我就默默地掏出昨天晚上没写完的作业，不惧她。”

“精神病。”

“你再说我急眼了啊！看你失恋照顾你，不要太放肆啊年轻人。”

乔上荣忽然像是鼓起了很大的勇气，他的手真的是在抖啊抖的，抖了半天他说：“我给你倒杯水。”

我喝完。

他又开始抖，抖啊抖，才说：“我再给你倒杯水。”

我再次喝完。

他第三次倒水回来，正好我在接电话。对方是我同学的同学，前一阵子跟我同学闹别扭，可能是相中我这厚脸皮劲儿，特意约我出去了一趟商谈有关事宜。在双方共同努力下，我同学已经和我同学的同学握手言和。

乔上荣很安静地在旁边听完。

这次他终于不抖了。

我撂下电话，拍了拍老乔竖起来的猫一样的耳朵。

“听够啦？”

他很满足地点点头。

我忽然想起今天的主题。

“咳……接着说你失恋的事情吧老乔……”

乔上荣笑得奸诈起来。他奸诈地笑，最后笑倒在沙发上。

“我还在想……啊哈哈……你这样，你这样的……怎么可能有对象呢哈哈……”

我突然想起点儿什么。

当时我和我同学的同学正坐在一人来人往的商场的长凳上。气氛一点儿也不高雅一点儿也不上档次，但我俩都忧国忧民，面色凝重。这个时候他打破僵局：“哎？那是不是你班乔上荣？”

我定睛一看，哎？果真是，而且他也在看我。

在看我，然后扭头就走了。我当时还以为他是没看清。

“啊哈哈，乔上荣你真是的啊，哈哈，这招太好了呀，啊哈哈哈……”我瞪他一眼。

但随即，我也笑开了。

谱写着没有结束的故事

小　雪

这年头谁要没有个心目中的少年没有个可以供着的男神都觉得好像出不了门。昨天闺密特嘚瑟地问我有没有一起过七夕的人，我淡定地抬头四十五度仰望了一下天空后决定屏蔽她，万年“单身党”什么的不是她那种人可以理解的。但是闺密好像料到了我有这么一招，特惹人恨地开了小号给我发来了一串测试，并附上一句话：“你第一个想起的人就是你家少年。”

我心动了。

然后行动了。

我又一次按了屏蔽。

其实在闺密和我说的时候我的目光已经在我家少年的QQ上了。我想起几个月前他还和我在数学课上一边吃瓜子一边唠嗑，而现在的我们，说近点儿是隔着一个IP的距离，说远点儿那是隔着几十条街道。

我茫然了。

我觉得我应该回忆一下与少年发生的种种事件之后，再判定是否我内心里有少年的一席之地。

我们都是神经病

每个新学期老班都要费尽苦心地调一次座位。时光哗哗地流到初三下半年，早自习的铃声刚刚响完我就屁颠儿屁颠儿地踏进了教室，走到班里唯一空着的地方就撂下了书包，拿起课本就开始装植物人，我侧着脸就看到了我左边的同学，“哦哦哦，这头发怎么这么卷哪，怎么这么卷哪，我可不可以摸一下啊。”伴随着这样的内心我逐渐伸出了我的狗爪，然后估计是有点儿疼了他瞪了我一眼，“你……你神经啊。”

我当然不会自虐又狗腿地说什么“是啊是啊我神经啊”。

然后我一脸正色的回答：“你难道不知道吗，其实我们每个人都是神经病，你看看你，你就是有打篮球倾向的神经病，你如果一直这么下去就会克制不住然后神经不正常，但是你还是觉得这是正常的，然后你不接受治疗于是以后别人也会叫你神经病。你看看我右边的那位，她就是有偷窥和偷听倾向的神经病。”

他一副吃惊的目光让我的虚荣心得到了极大的满足，我乐呵呵地将我右边偷听的那位“铲”到了更右边的地方，然后就听见他说：“你说这么多就不会被口水呛着吗？”

我摆出一副思考着的形象考虑了几分钟他的话是贬义还是褒义后，转头面对他，“其实当我对一个精神病人说一些很有哲理的话的实话，我是不会被呛着的。”

他眨了眨眼睛装出了一副单纯好学的样子问道：“为啥？”

“因为我的周围太多神经病了，我已经说过很多次所以已经习惯成自然了。”

少年是个真汉子

其实在没有分桌的时候我就知道左边那家伙很喜欢打篮球了，但是自从我坐在他旁边才知道他究竟有多么沉迷，他在空间里转发各种NBA明星的资料我也就当作跟潮流了，在书上画篮球附带篮球明星的小图图也就当作提高画技了，但是这家伙每次下课的时候都会出去一趟我表示这真的有点儿让人以为他尿频尿急，直到那天我按捺不住好奇跟着他跑了出去，才发现他竟然跟着一群人在抢球，挥汗如雨的刹那间我特想买个球给他让他歇息会儿。

都说做事要一步一个脚印，但是我觉得活了十五年的他是绝对没有听说过这句话的。现在请由我来描述一下当时的情况，少年眼看一号球员球要入篮，结果向前奔跑的欲望超出了理智，于是左腿一迈，右腿一迈，很不幸的左腿勾住右脚，华丽丽地来了个亲吻大地深情版，然后腿上流出了红色液体。

我眼睁睁地看着少年抱起球，和旁边同学说了一句话就一瘸一拐地自己跑上楼，本来我觉得我应该可怜一下弱小扶一下他，但是在这个不缺绯闻的世界里我还是保持了淡定。

然后我就沉浸在了一种“淡淡的忧伤”里面去了，我忍不住说，“你咋就这么笨呢打个篮球还摔倒了。”少年停止止血然后看着我，对视——只是很遗憾地没有对出火花，他说：“哎呀，人家都有骨折的呢，我这算啥。”

瞧瞧这心思瞧瞧这心理，从那一刻我就打心底里嫌弃那些摔了一跤都会哭的不算爷们儿的男人，并且我觉得少年如果脸不是那么白手不是那么长简直就可以给“铁血真汉子”做表示图了。

我喜欢与不喜欢都无所谓了

其实在中考前的几天我有问过少年：“嘿，同学你准备去几中啊？”“一中。”得到了一个满意的答案后我还很嘚瑟地说跟着姐混有馍吃，但是在出来成绩的那天我看到少年微博上写着“二中，×××分”。

本来我得到一个蛮不错的分数正嗨得起劲，但是看到那条消息之后顿时心情低落，于是我哗啦哗啦打上一大堆字来表示安慰并用学术性的文字来表示二中也是很不错的学校，但是少年没有给我回复。

其实在这之前少年也有跟我聊过各种各样的事情，就比如说少年告诉我出新动漫了特别好看，于是我就去看，看完之后我再说上一通来表示我确实认认真真看过了；就比如说少年告诉我他们前几天篮球比赛了，他们队赢了，然后我就嬉皮笑脸地说肯定是走狗屎运了；就比如说少年说竟然去了二中，于是我也抱怨抱怨以后见不到他了咋办，我会想他的啊，那边沉默了几分钟后发了个无奈的表情说以后还会见面的。

我向来是不喜欢这些空头支票的，就像是这年头欠钱的才是大爷一样，你不跟我说一个限定时间的具体日期，这种口头誓言什么也算不上，于是那次我也无奈地发了一个表情说道："是啊，我们所有人都会重聚的，我们的故事都会继续的。"

其实我喜欢不喜欢少年已经是无所谓了，就好像我喜欢吃肉包子一样，只是我喜欢吃它而已，肉包子喜不喜欢被我吃那是它的事情。

所以现在我能做的只是去希望这是一个不会结束的故事罢了，或许我还能在某年某月的某天，看到那个乘着风抹着汗打着篮球的少年。

夏虫不语冰

迟雨落

1

“如果这辈子没有见过雪，是不是人生的遗憾？”吃午饭的时候苏薇突然抬头，认真地问。

坐在餐桌对面正低头喝汤的乔木愣了半拍，“啊？”他缓缓放下了手中的勺子，眼神中满是疑惑。

“乔木，你见过雪吗？我是说，不是冰雪乐园里的那种人工雪，而是铺天盖地的一尘不染的白的那种……你见过吗？”苏薇不依不饶。

“哦，雪啊……好像小时候见过吧。”说完他用手里的筷子在苏薇眼前晃了晃，“为什么突然想到这个？”

“……没什么。”苏薇欲言又止，却最终还是轻轻摇了摇头。

乔木不再询问，但直觉告诉他，苏薇的心里一定有什么秘密。是的，以他们将近十年的友情，对乔木来说，可以轻易洞穿她的悲伤、难过，以及她心底关于这些情绪的不想言说。

气氛突然有些尴尬。

“哎，你……今天上午考的理综怎么样？”乔木首先打破这诡异的气氛。

“不好。”

“啊？”他拉长了音。

“不好。”苏薇重复，仍旧是面无表情。

乔木诧异地往后直起身子，倚在座位上，略带怀疑的目光打量着苏薇。他从没听过她在一次考试后会用“不好”来形容自己的状态；更没见过她这么魂不守舍的样子，仿佛平静的外表下随时都在翻卷着波澜。

“出什么事了？”他问道。一秒钟不到，又立刻补充，“别瞒我。”

诚恳得让人想流泪。

乔木这才注意到，苏薇面前的饭菜已经很久都没有动过了。她过去最喜欢的清汤面，此刻也连一丝热气都没有。

“……昨天晚上我妈打电话给我爸，说她要走了。她说要去哈尔滨，下下个星期的飞机。”不动声色的语调背后难掩哀伤。

乔木一时间五味杂陈。苏薇的爸妈很久以前就离婚了。他隐隐约约听过关于他们的故事，大学同学，志同道合，灵魂伴侣，虽家境悬殊可还是冲破了父母的阻碍执意要结婚，却慢慢在现实的压力下，终于无可奈何地摇旗投降。

“她说要去那个有雪的城市，那里是她的梦……她当年大学的第一志愿就是一个在哈尔滨的学校，可惜一分之差滑了档，才不得不留在海南的大学。后来，认识了我爸，结婚，生子，离婚……她说她的人生中从来都没有真正为自己做出过选择……乔木，”她神情恍惚，像个失去了提线的木偶，“你说，她……”

“她爱你，也爱苏叔叔，这一点毋庸置疑。”乔木接话。

苏薇抬起头，此刻她眼睛里早已满是泪水。

他总是知道她想问的是什么，他总是懂她的心思。

2

苏薇很爱很爱爸爸，也很爱很爱妈妈，他们是她人生中最崇拜也最珍爱的两个人。或许从私心来说，她甚至更爱妈妈一些。

妈妈是个建筑师，也是个出色的画家。在苏薇眼里，她就像是阵捉摸不定的风，匆匆地来，匆匆地去，独立，自强，倔强，坚韧。

这个身上总有不安定因子作祟的女人，苏薇从来都知道，小城锁不住她。

因为爸爸曾经在深夜抽着烟，语重心长地说过，林婷——苏薇的妈妈——总有一天，是会冲天而出的凤凰。他懂她、理解她，却不能包容她。所以他注定放手，而她，注定要流浪。

有时候苏薇会想，如果母亲只是个不懂知识、没有见识的乡下女人，整天操劳最多的也不过是柴米油盐，没有理想，没有向往，从不追求什么自由、意义这些虚无缥缈的东西，那样的话，爸爸妈妈之间是不是就可以少些矛盾？可如果是那样，她又如何能吸引到同样出色的爸爸？最初打动他的，不也正是她身上这份属于三毛式的浪漫与悲观吗？让他欣赏的，也正是这份渴望流浪的独特个性啊！

苏薇突然想起来乔木过去跟她提过的那句“夏虫不可以语于冰者，笃于时也”。

“不能和生长在夏天的虫子谈论冰，呃，意思就是时间局限人的见识，也可以用来形容人的见识短浅。”那时候乔木很是得意地挑起眉毛，仿佛比眼前这位年级第一的姑娘多知道些东西，是件特别值得嘚瑟的事。

夏虫不语冰。

这究竟是种幸福还是不幸？

3

这次的月考，苏薇发挥尤其失常，居然第一次出了年级前十名。闲言碎语入耳，但她并不在乎，因为乔木告诉她："那些人就是这样，等着看你出丑。可如果你因为这件事伤心，那更是中了他们的心意。对于那些诋毁跟诽谤，最好的办法就是泰然处之。用'最好的自己'来作为'我很好'的'不用证明的证明'。"

她懂。

有时候苏薇很庆幸，在她的生命里有个乔木。他们的关系很微妙，与其说是朋友，更不如说是兄妹，像是亲人一样地相互扶持，从他转学到海南的四年级起就一路是同学，也是长达九年的邻居。他们的默契与情感，要远比一般朋友来得更真挚。

你看，上帝总归是公平的，他拿走了你一些东西，也同样会作为补偿地给予你一些东西。

当然，对于苏薇来说，她不是没有想过那些八卦的女生们口中"乔木对你好，是不是想追你啊"之类的说法，但这个念头很快就被她打消了。

她不愿这样想，非常不愿意。这对他们之间的感情，或是乔木的付出都不公平。她敏感、细腻，最重要的是够聪明。苏薇明白，在她的生命中，谁该留在心里，谁该随风而逝。更何况，这些，乔木也明白。

她何其幸运。也何其庆幸。

"你决定了？"乔木问道。

"嗯。"她点头，神情坚定。

她要去哈尔滨。她一定要亲眼看看让妈妈魂牵梦萦了这么多年的城市到底是什么样子。

"兔子，我觉得……这样做真的不合适。为什么不能等到寒假？那时候我可以陪你一起去，而且你爸妈也会放心。你这样贸然离开，离家出走，不……”他总是习惯于叫她“兔子”这个昵称。

“乔木！”她打断，“别再劝我了，我一定要去哈尔滨。”苏薇赌气地提高了声音。

她怎么会不知道对父母不告而别的后果？可她偏要这样，她偏要让妈妈知道，她的立场、她的心意。如果你可以眼睁睁看着自己的女儿离家出走，却还是狠心地离开，那么，好，我投降、我放弃，我再也不会挽留你、制止你。但在那之前，我还是要决心用这么惨烈的方式，来引起你的警惕、你的注意。我要你知道，我不是不存在。

“兔子，”他摇了摇头，“你不要任性好不好？”

“我哪里任性！怎么现在连你也这么说了？”苏薇发泄似的吼出了这些话，根本不管会不会伤到他。

乔木的神情有一秒钟的难过，像是受了伤的小动物，不设防却被残忍的猎人重伤的模样。

她突然为自己的乱发脾气而自责。乔木是无辜的，他是个好男孩儿，从来都不该卷入这些纠葛。他该是阳光地在球场上挥洒汗水的热血少年，该是被那些女孩儿们争相赞美追捧的优质偶像。而不是像现在这样任由她大声呵斥。

“……乔木，我求你了，别把我要去哈尔滨的事告诉我爸妈，千万千万别告诉他们。”她声音软了下来，有些歉意地拽住他的衣角，“帮帮我，就这一次。你知道我有多舍不得她。我只能这样留住她了。”

少年的眼睛里闪过一丝悲伤。帅气阳光的外表下，胸膛里一颗心却在不受控制地陷入惆怅。他知道苏薇对她妈妈的感情。又爱，又恨，又敬。

“兔子，”他在心中摇摆，“如果可以，我真想给你全部的爱与关怀，而不要让你用这样的方式，去守护你想守护的幸福。”

四年级时，对初来乍到、被排外的同学轮番欺负的他说出了“以后我们就一起上学吧”的善良小女孩儿，从来不知道，这些年，她早已不知不觉间成为了他难以割舍的情怀。心甘情愿对你好，不奢望回报。

可很多时候，乔木也能清晰地感受到她身上的那份不安定，像极了她那个身为建筑师的母亲。总有一天，她们都会飞出这个小城。总有一天，连他也抓不住。

他沉默了很久，终于艰难地点了点头。

不下雪的海南，常常会有风从耳边呼啸而过。可咸涩的、凛冽的，却不单单是眼泪。

4

哈尔滨冷得简直让人想死。

这就是苏薇此刻所能有的唯一印象。零下三十摄氏度，她生平第一次感受到这样低的温度。最厚的羽绒服，却还是让她不住地打哆嗦。

刚出火车站，就收到了乔木的短信。为了不让爸妈发现，她换了哈尔滨的号码，只有乔木才知道。

“叔叔阿姨现在都快急死了，已经报了警。兔子，你这次真的玩得太大了。”

她咬紧嘴唇，留下了一道深深的白色的痕迹。没戴手套就噼里啪啦地回短信：“不能告诉他们。现在还不是时候。”刚按完发送，手指就冻得受不了。

“难道你真的要他们为了你伤心死才满意？！”男孩儿怒气冲冲的神情，好像可以清晰地看到。

她盯着屏幕，哭出了声。她可以想象他们发现她失踪后张皇失措的样子，可是她必须要她亲口承诺，告诉自己，“我亲爱的女儿，我答应你，我绝不会离开你。”

她只有用这样决绝的方式来挽留了。她只能这样了。所以，她绝不能收手，绝不能前功尽弃。

“帮我保密，拜托。你知道这件事对我的意义。”

发送。

5

哈尔滨今年迟迟没有下雪。苏薇有些失望，也许她这辈子也没有机会见到哈尔滨的雪了。几十个小时的火车已经让她身子快散架了，现在她只想坐在一个热乎乎的地方，好好吃上一顿。

哈尔滨有很多景点，可她并没有多少心思去细看。长得有点儿像巧克力的索菲亚大教堂、形态各异的冰雕、著名的哈三中……她走过这些地方，看了很多，也想了很多。

她也没有忘记去妈妈当年向往过的学校看一看。

她不知道这里为什么会让妈妈这么向往。她体会不到那些美、那些意义、那些神乎其神的说法。

苏薇很难过，凭什么它要抢走妈妈？

“哎，你没事吧你？咋站在路口就哭起来了？咋整的啊姑娘？”苏薇听见浓重的东北腔。她回头，旁边报刊亭里的大婶正善意地看着她。

“我……”还没来得及说出口，眼泪便汹涌地哗一下落下来。

“哎呀你……你这是咋了啊……”大婶手忙脚乱地给她找面巾纸，“是不是迷路了？刚刚你来买东西听说话声是外地人呢吧？你爸妈呢？”

苏薇却怎么也说不出话来。

相比亲人，人总是容易被陌生人一点点的善意温暖。因为你对他们没有期待，所以更容易被感动。

“没什么……阿姨，谢谢您……我，我在这边读书……我没事，只是……突然有点儿想家了……想我爸爸妈妈……”她努力地挤出了一丝笑。

还挂着泪滴的脸庞，在阳光下却格外闪亮。

6

其实现实远不如小说那样的跌宕起伏。

最后，是爸爸妈妈亲自来哈尔滨接她回家的。确切地说，他们老早就跟着她了——从乔木老早就把她要“出逃”的消息透露给苏爸爸林阿姨之后。

爸妈并没有过多地责怪她。她从来都知道分寸，他们有信心。因而对于这次出格的举动，他们不约而同地选择了宽容。或许，这只是一种心理上的补偿跟安慰。

回程的路上，苏薇一直在想，哈尔滨或许并不是她曾经以为的那么完美。她听哈尔滨的本地人说，如果真的下了大雪，撒上融雪剂再被来往行进的汽车车轮碾过，地面就会显得黑且脏，根本就不是她想象中的一尘不染、漫天皆白。

但重要的是，这里并不是因为完美，才让妈妈魂牵梦萦。海南也很好，气候宜人、风景秀美，可偏偏妈妈却一个劲儿地想离开。就像爸爸，他在苏薇眼里也是那么完美的一个人，可妈妈却还是没有办法跟他继续相守下去。

有的人，生命里总有些不可控的因素在跳跃，他们永远无法被禁锢。他们永远都在追求心里牵挂的那块冰、那片雪、那份捉摸不定。夏虫不语冰，可一旦它见过，一旦知道，一旦了解了那些璀璨光华，一旦心生牵挂，一旦有了向往……他们就会去追，就不会停。

说起来，这趟旅行唯一的遗憾就是，苏薇还是没有见到雪。

她龇牙咧嘴地啃着哈尔滨的糖葫芦，突然有点儿后悔忘记了给乔木带几根回去。

这玩意实儿在是好吃。

“嘀嘀嘀嘀……”

手机短信提示音响起来。

“对不起。”

短信来自乔木这个白痴。

她把糖葫芦的棍儿放在一边，低头按着键盘，编辑要回复的短信。纤细的手指灵巧地在上面翻飞，像是振翅欲飞的蝴蝶。

一直在旁边微笑着看她的妈妈，突然有些好奇地探过头来张望，“你给乔木回的什么？”

苏薇警惕地把手机往身后一背，故意露出了一丝狡黠的笑。小小的鼻子皱起来，真的跟画报上机灵的兔子一个模样。

“这是……秘密。”

别担心天空不会蓝

如果你们正为即将到来的高一生活而苦恼，那么别担心，因为这很正常啊。鲁滨孙初到荒芜的海岛，一点点动静都会使他毛骨悚然。你们只需要用心去感受高中生活带给你们的喜悦与洗礼，那么所有的困难都不再是困难了。

别担心自己不会成功，就像别担心天空不会蓝一样。

我曾做过小偷

佟菲

那年我八岁，是班上身材最胖、成绩最差的女生，几乎没人和我玩。只有她，一个长相靓丽、成绩超好的女生愿意搭理我，把她认为最漂亮的裙子送我穿，可我心想：你甭恶心我了，明明知道我穿着没有你好看，而且我也穿不上。她还把她妈妈给她准备的便当分给我吃，我心想：你就偏要嘚瑟你妈妈的厨艺吗？我知道我妈没你妈好，每天五块钱的午饭钱加零用钱就把我打发了。当然，我表面上并未显出我的真实想法，因为我害怕连她也不跟我玩了。

可是，我越来越嫉妒她，这种嫉妒后来真的演变到一种疯狂的地步，我每天最快乐的事，就是一边打量她一边做白日梦：要是我有她漂亮，要是我有她那么好的妈妈，要是我有她聪明，那该是世界上最幸福的事了吧？可是，白日梦始终只是个梦。

圣诞节那天，她背了一个新书包来上学，书包上印着白雪公主的图案，那个白雪公主犹如从动画片中走下来的一样，十分逼真，这个书包吸引了全班同学围在她身边，有些女生禁不住轻轻地抚摸白雪公主的脸颊，那种小心翼翼的样子，好像稍一用力，就会把白雪公主弄疼了一样。她介绍说，这是她妈妈去美国出差给她带回来的圣诞礼物。我不知为什么，看见她被那么多人围着、羡慕着，竟会有一种五脏俱焚的感受，当时我就一个想法，我要得到那个书包。

下午放学的时候，我约她一起去看男生打篮球，我想尽量拖延和她在一起的时间，伺机得到那个书包。那天，看男生打篮球的奇迹般的只有我们两个人，平时那些铁杆球迷好像先知先觉要为我制造机会一样。她看到一半要去厕所，把她那心爱的书包随手放在地上，我听着书包放在地上传来的轻微响声，心里憋满了兴奋，看着她的身影进入离篮球场一百米远的厕所，我便拎起书包飞奔，把它藏在教学楼拐角处，又飞奔回原地继续做出看球的姿势。我心里慨叹“狗急跳墙”这句话的正确性，从我离开篮球场到回到篮球场仿佛只用了不到一分钟的时间，早知道我测试五十米短途跑时也该抱着那个书包。

她上完厕所回来时，我佯装对她说：“你去的可真不是时候，刚才打得最精彩，连进了好几个球，我眼睛都不能眨一下。”她一边“嗯”着回答我，一边绕着四周低着头寻觅。我问：“你在找什么？”她说：“我的书包不见了，奇怪，就一会儿工夫，怎么会不见了呢？”我故意惊叫着嗔怪道：“哎呀，多可惜呀，那么好看的书包，你刚才应该叫我帮你抱着，你怎么就随便放地上了呢？”她耸了耸肩，云淡风轻道：“没事，我让我妈妈再给我买一个就是了。”然后和我继续看球。

从那一刻起，到球赛结束，我觉得篮球场上被男生们拍打、投掷的不是篮球，而是我，因为我废了九牛二虎之力折腾的事情，在她看来，竟然是这么云淡风轻，我完全是把我自己玩弄于股掌之上。

小学毕业的时候，我向她坦白了“书包事件”，她再次云淡风轻地回答我：“我知道。”我这次是真的惊讶，问道：“那你为什么还继续跟我玩？”她道：“因为你真的很可爱！”我居然不争气地流下泪来。

我曾试图做个小偷，但我失败了，因为我偷了别人，损失了自己。我再也不要做小偷，我要做那个最可爱的自己。

别担心天空不会蓝

蒋一初

亲爱的高一新生，在你们看到这篇文章时，我已经更加自信地升入高二，在美丽的北半球上微笑着。

我得恭喜你们冲过中考，但是有些遗憾地告诉你们，中考对于高中来说，就像一次小小的测验，你们必须学会如何正视自己的成绩。高中的每一年都比初三那一年更苦、更累、更忙，所以中考只是让你缓冲高中的一个小小挑战，不要因为自己的成功或失败，定位自己以后的三年、三十年……

高一一年给予我的不是优秀的成绩，而是更加积极的状态以及淡然的心态。所以在这里我想与你们分享我的高一，或许对你们会有帮助。

我的中考成绩很差，但是仍然进入了重点高中。说我走后门、找关系，我都不否认。当所有人都在羡慕我能进入那么好的环境学习时，有谁知道我的压力？我的基础差了太多，又是转学生，我需要每时每刻地微笑，这样才能保证别人能够给我讲解不会做的题目。

高中和初中不一样。初中我在自己的家乡，有爸爸妈妈陪在身边。高中我去了异乡，寄住在亲戚家。高一刚开始时，我需要适应那里的方言、那里的作息时间。不过令我高兴的是自己的成长，我不会给自己找借口，然后写下大段的忧伤文字。这样是浪费时间，请你们记住，考场作文永远是要被打上分数的，它们由不得你们赋予它太多的感伤。老师喜欢的，是积极向上的文章。

这时你已经是高中生了，作为一个青年人，你需要审视、思考你的人生。不，这不是矫情，这是每个高中生都需要做的事情，因为你必须想好到达未来的每一种方式。

我自己的心态转变很大，我想我已经日渐成熟了。

经常思考自己做过的事情，看看自己做错了什么，下次需要改正什么。仔细揣摩别人的一句话，或许会有意想不到的深意，但千万别钻牛角尖。多写文章，但不是青春文学，可以选一个小的角度深挖进去，直到找到宝藏。这样你的写作能力会得到很大的提高。

上学日，我不碰电脑不上网。与电视接触的机会仅仅是每天中午的一个小时看新闻，让自己知道中美关系到底是个什么关系，黄岩岛、钓鱼岛问题到底是个什么问题。收获很大，帮助很大。

如果你们正为即将到来的高一生活而苦恼，那么别担心，因为这很正常啊。鲁滨孙初到荒芜的海岛，一点点动静都会使他毛骨悚然。你们只需要用心去感受高中生活带给你们的喜悦与洗礼，那么所有的困难都不再是困难了。

现在的我已经融入了大集体，成绩也有所进步，老师很欣赏我的文章，我想我的高一生活算是圆满结束了。刚刚进入高一时我觉得天都塌了，但是现在的天空不依旧晴空万里吗?

别担心自己不会成功，就像别担心天空不会蓝一样。

老房子·新房子

孔 菲

外公外婆在浠沧巷住了五十来年，他们早已习惯了这里的一砖一瓦、一草一木。

老屋是外公亲手搭建的，后院中的那一棵高大的梧桐树则是外婆一手“拉扯大的”。天长日久，透着无限沧桑的门窗桌椅上那被岁月的风雨侵蚀出的每一条缝隙里，都书写着外公外婆携手走过的点点滴滴。

外婆每日都要与街坊四邻们一起吃下午茶，打打桥牌，彼此早已熟稔得如亲人一样。

外公腿脚不便，习惯于每天坐在院中的树下晒晒太阳，手里捧着一本似乎永远也翻不完的《三国演义》。觉得渴了，他便端起紫砂壶抿上一口龙井。

日子平淡，却安适悠闲——五十年如一日地过去。

忽然有一天，老人们习惯的生活被骤然打破。那是一个下午，每一幢老屋的白墙上都被涂写上了一个个大大的“拆”字，鲜红、刺目，未干透的油漆还在滴滴坠落，就像外公外婆心头痛出的鲜血。

外婆与邻里的老爷爷、老太太们，每人拎了一张小板凳到拆迁办门口静坐示威。

腿脚不便的外公在家中不停地写申诉材料声援外婆他们。

拆迁办的人、电视台的人，甚至连那些老人的儿女们都说他们落伍、愚昧。他们给老人们讲现代化，讲城市新进程，讲国家的发展与明天。

老人们却通通红着眼睛，眼里装满了痛心、委屈与愤懑。

每每拆迁办来了人，平素和蔼的外婆竟会挥起扫把，歇斯底里地喊：“谁动我的老屋我就跟谁拼命！”这招来了更多的不解与嘲讽。拆迁办人的频繁登门、儿女们的苦言相劝以及舆论无形的压力，终于让老人们妥协了。老人们唯一的要求便是两年后让他们回迁。

然后，推土机来了，三下两下老屋就被夷为了平地。二老眼里的世界，那一刻随着老屋一起轰然坍塌。

……

两年后，外公外婆回迁入高高耸立的新楼房。原先的浠沧巷也改名为享达商业街。

楼层的高度让二老的腿脚不堪重负，楼下门市成日播放的摇滚乐令二老寝食难安，汹涌的人群让外婆连买个菜都头昏脑涨……原先的老邻居们也被拆散得七零八落，外婆很难再找到人一起唠嗑。

二老整天双眉紧蹙，脸上终日愁云惨淡。外婆总是说：“待在屋里就顺不过气来。”外公双腿不能行，更是感叹自己：“仿佛住进了笼子里。”

什么现代化，什么新规划，二老不了解，他们只知道自己不习惯，非常不习惯。他们常常聊起原先在老屋的生活，那是他们脸上笑得最开心的时候，可聊完之后便是更深的落寞。

老屋中的那些人，那些事，陪伴了二老五十多年，早已超越了习惯，融入他们的血液，可现在，却被残忍地剥离而成为散落在虚无中的记忆的碎片。

而那些空洞的怀想，是否可以支撑起他们安详、平和、愉悦的晚年？

亲爱的暑假先生，我想跟你说声对不起

李敏佳

弹指一挥间。就在本小姐不厌其烦地循环进行着“起床——吃饭——睡觉”这个似简单又繁杂外加电视电脑各种娱乐辅助的环节时，你——我最亲爱的暑假先生，即将圆满完成为期两个月的“探亲任务”（暑假就是学生的亲人），然后“不带走一片云彩”地离我而去……

依稀记得放假前夕，对于你的到来，我着实颇为激动地期待了一番，甚至向“外界”宣布了我的部分“宏伟计划”。但，你的突然来访，还是给了一直投身于无止境学习生涯的我一个措手不及。来不及想怎么过，怎么过比较好，一个半月就悄然溜去了。时光不再，亲爱的暑假先生，我要真诚地跟你说声“对不起”，我辜负了你赐予的美好时光……

对不起，亲爱的暑假先生。

当每天新一轮的太阳徐徐升起的时候，我应该做的是立即起床打好十二分精神，而不是赖在床上再次躲进被窝；当晨光洒下一地温暖，我应该做的是好好晨练，为自己的身体蓄满力量，而不是吹着空调做美梦；我应该用爽朗的笑声、健朗的身躯，还有那不时洒落的汗水，向太阳问好，向新的一天问好，而不是依然醉生梦死地在床上呢喃着和美丽的早晨擦肩而过。我错了，错在了懒散。

对不起，亲爱的暑假先生。

当太阳高挂头顶，正值一天大好时光时，我应该做的是让双眼离开电视屏幕，而不是一直流连于精彩的剧情；我应该做的是让身体离开舒服的沙发，而不是蜷缩在沙发里津津乐道着剧情的下一步发展（好吧我承认有点儿编剧倾向）；我应该坐到书桌前，一点一滴地把暑假作业消磨掉，而不是到了临开学时四处向同学借来猛抄……在暑假里，我应该有个详细的计划，把每一天过好过充实，只有这样，才对得起我们敬爱的暑假先生您。可惜，我没有！我错了，我错在了虚度光阴。

对不起，亲爱的暑假先生。

每一个阳光午后，我应该做的是手执一卷好书，而不是在电脑前尽情冲浪；我应该做的是，让书牵着我走向另一个丰裕的世界，而不是在虚拟的世界里聊天、听歌、刷微博；我应该让这个美好的下午，在氤氲着的幽香里，泛着墨香，溢出诗意；我应该留些时间任思绪驰骋，让理性之光在脑海泛起；我应该好好利用你给我的每一刻美好时光，好好给自己充电……可现在暑假时间已所剩无几，难道短短的几天里我还可以往脑袋里硬塞进几本大部头？这就好比手机余额不足，那你往里充再多的电又有何用？

亲爱的暑假先生，你是我心中最美的云彩，但是无论我怎么用心，如何紧拽你的衣袂，你都不会留下来了，对吗？对不起，亲爱的暑假先生，你的到来被我挥霍得毫无意义。

亲爱的暑假先生，老实说，我真的、真的、真的很想好好地抓住这个暑假，干点儿实际又有意义的事。可是，生活不是电影，哪里不完美想改就能改。事已至此，你意已决，我不再挽留！

亲爱的暑假先生，虽然我彻底荒废了这个暑假，但上天在给我拿去了一个暑假的同时，也让我明白，明白时光的易逝。接下来的日子，我会好好把握，我相信，在努力充实过一个学期后，会有寒假小姐替你来爱我！

安然的十六岁

浅步调

安然的家在铁路边的一个小站附近，十三岁那年，她第一次坐火车，去一百多公里外的县城读寄宿中学。那是所重点中学，升学率很高。每个周末，安然都坐着7184次列车往返在家和学校的路上。没有空调的绿皮车很陈旧，广播里的女声永远都是冰冷的甜美，提醒你防火防盗防小偷。

初三那年，安然认识了列车员宋天乐。那天，她迟到来不及买票，跟着人群混进了车站。这趟车很少查票的，那天该她倒霉，女列车员斜着眼训她："这么大的人不知道上车先买票吗？"安然低着头，手里薄薄的英语单词本被揉得变了形。

"你是学生吧？"安然抬起头，一个穿铁路制服的男孩儿站在女列车员身后，淡淡地看着她。

她跟在他后面去补票。安然在后面一直望着前面这个男孩儿的背，汗湿的，单薄的。最后，他们进了一个小小的休息室。墙上的值班人员表里，他英气的脸挂在那儿，下面写着名字：宋天乐。

后来安然经常遇见他，脸上没有任何表情，像大多数乘务员那样，说话时露出微微的不耐烦。

那天安然只买到了站票，蹲在车厢连接处看书。他经过时停下来，提起放在她脚边的包，让她跟他走。安然又一次跟在他后面，一路往前走，他单薄的背让安然心里一阵阵地暖。

餐厅里空荡荡，黄昏的余晖恣意地洒满每个角落。他安顿安然坐好，然后走到在边上休息的几个同事中间，安然隐约听到他们问他她是谁，他不知道回答了什么，其他人便看着她笑。

有个周末，安然没有回去。再坐火车时，他看到她的第一眼便问："上周你没回家？"安然点点头，说有点儿事，说完了突然心跳加快。他竟然知道自己上周没来，他一直在找她吗，在拥挤的车厢里，一节一节车厢、一张一张面孔地寻找着？

安然的脸微微发烫，火车中途靠站，她想在这个站买些樱桃回去，这儿的樱桃很有名。宋天乐说："只停五分钟，你快点儿。"安然飞速跑下去，站在车厢门外的乘务员朝她喊："改停三分钟，别去了。"周围很吵，她没听清，以为是让她快点儿。提着樱桃再回来，列车已经发动，安然拼命地追了一段，最后气喘吁吁地停下来，手里的袋子不知道怎么漏了，樱桃撒了一路。她转过身，看到宋天乐，两个手心拢着红艳艳的樱桃，站在那儿，仿若夕阳里的一片薄影。

那是那天的最后一趟火车，他们只能沿着铁路往前走。走在黄昏的铁轨上，他给她讲以前在梅县中学读书的日子，后来没有读完，去了铁路学校。安然问为什么不读完，宋天乐很轻快地回答，在学校不安分，被开除了。他的声音里有种惆怅，轻飘飘地就掠了过去。

回到家，天色已经很晚了，铁路边很多矮矮的屋棚，里面住着的都是附近的矿工和家属，安然指着其中一个亮灯的，"那个是我家。"宋天乐的脸上有一丝惊愕，安然笑，"是不是特别简陋？我们在城里其实有房子，但我妈舍不得离开这里，因为我爸……"

安然还没说完，有个女人在喊："是安然吗，怎么回来这么晚？"

宋天乐飞似的逃走了，安然在心里默默地说，下周见。

进了雨季，雨丝飘进车厢里，打在安然的手臂上，凉飕飕的。自从那晚宋天乐送她回家，已经接连两周没有见到他了。安然的心也像这淅淅沥沥的雨天，总是湿漉漉的，没精打采。

她以为他调走了，却在第三个礼拜又看见了他。制服松松地搭在身上，人有些疲惫的样子。那天是节假日，车上特别挤，过道里也坐满了人。

宋天乐是来查票的，安然使劲地看着他，但他却始终低着头看票。直到有个抱孩子的妇女站起来喊：“我的包怎么划开了？”

车厢静下来。妇女脸色惨白，“我缝的小包不见了，里面有手机和一千块钱。”

这时，宋天乐从自己包里取出手机，递给那个妇女，“打一下你手机，小偷可能还没来得及关机。”

妇女犹犹豫豫地拨通了号码，车厢安静极了，所有人都竖起耳朵。铃声响了，微弱又撩人，安然和所有人一样，左顾右盼地寻找声源。后来大家的目光都朝她看来，安然这才注意到声音来自自己的背包。

好事的乘客强行拽下包，从里面找出一个小袋。妇女用恶毒的言语开始咒骂，安然茫然不知所措。她试图解释，却发现嘴唇动不了，还是学生的她没有学会如何应对这种情况。混乱里，她看到宋天乐那冷冰的眼神，像寒夜的冰霜。

在铁路派出所，因为没有证据，安然无法洗脱罪名，赶来的母亲差点儿给警察跪下，才将安然保出来。临出门时，安然听到身后的议论声：“这不是那个老公被火车撞死的女人吗？那年可没少闹，才换了套安置房，看来他们家是穷疯了。”

安然忍住泪，十六岁的美好，才刚刚揭开纱的一角，就被撕得粉碎。

安然叹一口气，再见，7184。再见，宋天乐。

初三的最后两个月，安然没有回过家，她住在学校里，把自己埋在做不完的题海里，偶尔听到火车的鸣笛声，心会紧紧缩成一团，那个冰冷鄙夷的眼神又会浮现出来。

什么叫绝望，大概这就是吧。

再后来，她如愿考上省城的重点高中，第一次坐火车去了远方。原来心情没有预想的雀跃激动，虽然不是脏兮兮慢吞吞的绿皮车，而是环境好很多的空调快车。

而且，坐得次数越多，味道越是寡淡。

可是生活变得明媚新鲜起来。安然认识了一个男孩儿，是同年级的校友，对安然很好。安然说坐火车很闷，男孩儿便说送她回家。

回家的路，要钻无数个山洞，车厢黑下来时，怕安然害怕，男孩儿就大声唱歌，同车厢的乘客有的笑，有的骂。阳光重新照起来时，一个乘务员走过来，薄薄的身影逆着光，剪成熟悉的一片，安然的眼睛生生地痛。

宋天乐，他们又一次相遇了。

在车厢的连接处，他们聊彼此这两年错过的故事。原来都很平淡地在人生的正轨里行走着。

话题接不上茬时，安然突然说："你相信我偷了那个包吗？"

她不准备解释的，只要一个答案。宋天乐却给了她另一个答案。

"我的童年很幸福，爸爸是个火车司机，从小就喜欢开车带着我，长大后我也敢一个人开了，有时候帮爸爸开短途送货车厢。十七岁那年，我帮爸爸送两节空车厢，路不远，就一站，没想到开到半路，一个男人从路边跳了过来。他是自杀吧，我理解他，那年矿上闹下岗，工人生活挺苦的，他想给家人留点儿什么吧。他死后，因为他妻子的坚持，铁路上给他家赔了套安置房。可他怎么就不替司机想想，一个快要毕业的高中生，因为爸爸撞了人，只好退学，爸爸也因违反制度被提前内退，因为这件事，整个家差点儿垮掉。你知道我的梦想是什么吗？不是开火车，是开飞机，可最后，却是个小小的乘务员。命运跟我开了这么大的玩笑。"

"那晚送你回家，我才知道你是谁，那天你后面那个小偷发现无路可逃，在混乱中把钱包放进你的包里。那一刻我脑子很乱，内心一直在挣扎，最终还是没有站出来。我很后悔，痛恨自己的懦弱和狠心。一直不敢去找你，害怕面对你……”

火车钻进下一个山洞，黑暗如丝幕垂下，安然突然感到从未有过的踏实。她闭上眼睛静静地等待着，也许火车走出山洞，她会在阳光里重新面对宋天乐，平静地微笑着。

你才是阿姨

壬　岁

我从来没有想到有一天会被太后踹到超市里面去做促销员。

放暑假的一天她突然站在我床边叉着腰对着我嚷："放假一天到晚就宅在家里，不是打机追剧就是在睡觉，你的人生有意义吗！快给我去外面找暑期工，深刻体会一下挣钱的难处！"我揉着惺忪的睡眼瞅着凶神恶煞的太后，嘴里面支支吾吾含糊应承着，待她回头一走我就倒下继续与可爱的床谈恋爱去了。

"我是太后的独生女儿心肝宝贝，再怎么狠心也不会让我去超市一站就是九个钟啦，况且太后又是刀子嘴豆腐心的好人。"我就这么天真地想着，完全不担心自己的暑假命运。可是第二天太后就麻利地断了我的小金库，还指责我说找不到工作就不管我三餐，我诚惶诚恐地领了她的懿旨立马滚出家门去找暑期工。

太久没有迈出家门，看着街上人来人往的潮流，心里有些许不适应。好在暑假超市和很多门店都在招短期工，我一间间店摸索着去应聘。像珠宝店里面的职位需要身材，好有女神范儿，而且珠宝一旦遗失便需要赔偿，我看了看自己的五短身材，想了想自己的马大哈性格，默默地跟负责招聘的主管挥手说再见。精品店里面的销售员又需要每日化妆，我一个清汤素面的学生哪懂化妆，或许一套化妆品价格就抵上了我暑期工的工资，于是我只能叹息：太“高大上”的暑期工无法胜任，那总该可以去找接地气的工作吧！我怀着这样的想法继续朝寻工之路前进。最后我去超市里面应聘一个促销牛肉棒的促销员职位，在我的妙语连珠自吹自擂下，主管说让我第二天先试着做，如果做得不好就立马换下。找到工作的我屁颠儿屁颠儿地跑回家跟太后炫耀，激动地只待第二天去发挥我舌灿莲花般的口才去推销那一包包可爱的牛肉棒！

第二天一大早我便按工作要求8点到超市，换上勉勉强强能入眼的五颜六色的促销员服装，和同伴一起摆好桌子码好一袋袋精美包装的牛肉棒，端起试吃的盘子，站得笔直开始促销。早上超市的人流量比较少，我们努力睁大还有点儿困倦的双眼，一看到有人进超市便弯起嘴角迎上前去：“你好，请来试吃一下。牛肉棒今日大促销哦，买两包送一瓶矿泉水，有吃有喝，营养丰富！”搭配着早已背熟的促销语，递上试吃的盘子。

如此这般三个小时，我的脚开始酸痛起来，脸上的微笑也已经僵硬不自然，眼神开始四处游离盯着主管在哪里，如果不在附近便偷一下懒，主管过来巡视时便强撑起微笑，每见到一人就热情上前介绍牛肉棒。我隔一会儿便瞥一下手表，可是指针似乎从未走过，九个小时实在太难熬，下班时我的腿已经酸痛得站不直了，一向话痨的我此时也已经不想再讲话了。虽然第一天工作勤奋，但是销量不是特别突出，主管严肃地告诉我要看准对象促销，把握好促销语，态度要更热情点儿。我唯唯诺诺，立定直腰许诺定会更加努力。辞别主管，我摇摇晃晃地走回家。

接下来几天的工作过程中，我运用自己的聪明才智创出了独有的一套促销方式，并与同伴一同分享。首先吹气球并将其捏成小狗、老鼠、心等造型，看见带小孩儿的大人便摇动手中的气球来吸引小孩儿，小孩子最是天真无邪，喜欢可爱的事物，然后就忽悠大人们购买牛肉棒。对情侣们就说服他们在看电影逛街的时候买些零食消遣，告诉女孩儿这牛肉棒最大特点在于不容易上火，告诉男孩儿吃牛肉棒可以补充蛋白质填饱肚子……执行这套促销方式的过程中我小小地内疚了下，觉得自己实在太坏了！不过效果还真不错，销售量很可观，主管也没再找我训话。

在工作时间里，有一位西装革履染了黄头发的男子以为我们是超市服务人员，便询问同伴扑克牌哪儿有卖。同伴看到他突然双目发光，我愣了一下不明状况，只看到同伴双拳紧握、一脸期望、大声问那位男子是不是魔术师，我和男子都呆愣住了，之后男子慢慢地吐出几个字："你不要那么搞笑好不好！"便默默离开了。我经历过这件事情后整个人都不好了，完全处于"笑不成声"的状态，同伴很委屈地说电视里的魔术师都长这个样，愤愤不平。我戏谑这件事完全可以作为一本言情小说的开头，书名就叫作《恋上风流魔术师》《暑期工的爱情》！多么完美的相遇，多么新颖的题材！

休息时间我推着购物车去仓库提货时，心痒不已、童心未泯地跳进超市的购物车里让同伴推着我，结果同伴太不靠谱看见墙便推着我去撞，一时尖叫声不绝于耳。推开仓库门的时候赫然发现主管也在里面，我缩在购物车里尴尬得脸红耳赤。主管默默地看了看我们，很是无语。临走叮嘱"小心货物"后便再也不想看见我们两个……

不过在我俩的欢乐促销员生涯里，最让我难以接受的是被称为阿姨。每每看到很萌的小孩子上前来拿气球的时候，"谢谢阿姨""来，跟阿姨说谢谢"，如此的话在耳边萦绕不绝，让我不堪重负。我维持着完美的笑容应答着小正太小萝莉，转身就垮下了笑脸——你才阿姨！我还未成年！人家哪有那么老！看看我粉嫩无瑕的脸蛋儿，看看我水汪汪的眼眸，再看看我无比热情的态度，这一切都赤裸裸地反映人家仍是祖国的花朵。花朵不堪折，顾客们，你们能不能考虑下促销小妹妹脆弱的小心灵，爱护可爱的我们啊……

暑期工这段时间其实每一天过得都无比缓慢，每天维持九个小时的站姿，让我开始痛恨时光流逝之慢。不过结束后，蓦然发现这段时间其实也就这么过去了。虽然累，虽然被人无视，虽然被人叫阿姨……但是却过得很充实很满意，特别是主管难得一笑给我薪酬时，什么苦累都值得！当然最爽快的是嘚瑟地在太后面前抖着红彤彤的人民币时心里那种无可言说的快感。太后没有数落我的“小人得志”，昙花一现地夸我能坚持下来很不错。这种突来的夸奖让我觉得太过羞涩，只好捂着脸跑进房间里去回味啦！

原来，如果你不拼命去做，你根本都不知道自己有多么厉害。虽说一开始我是在外力作用和迫不得已的情况下才去工作，每天维持九个小时的工作时间，想想都觉得非人哉。但是后来当我拿到努力工作换来的第一份薪水，我真正理解了太后的良苦用心。这世上没有不劳而获的事情，想要生存就必须付出。

我还想对那些孩子的妈妈说，我真的不是阿姨，怎么着也应该是姐姐吧！

我们一定是抽风了

舒　木

你有将对方第二颗纽扣偷偷剪下来的经历吗？

不好意思，这个真没有。但是我有将对方的第二颗纽扣偷偷和一个低年级的学妹换校牌的经历。

谁说过这么一句话来着：没有逆骨的女子，做不到汉子一样的潇洒。

我一直觉得这句话就是为我量身定做的！因为我掌握了女疯子和女汉子的精髓！那就是能跑能跳能咆哮，就绝对不要小步轻摇，掩嘴偷笑！

咳咳咳，扯远了。回到正题上来。

因为从小成绩好，于是乎我就莫名其妙地戴上了乖乖女的头衔。但是天知道我当时有多捣蛋！

有次院子里（我们住的地方类似四合院）停了一辆很长的货车。停了大概有一周了，一直没有人来将车开走，我和另外六七个小伙伴盯上这辆车很久了。从第三天起我们就开始爬到车顶玩游戏了。当时我怀着“反正大人不在，天不怕地不怕”的心态，穿着小短裙，就和大家爬上了车顶。

当时是夏天正午。玩了没一会儿我们就口干舌燥的，但是大家都不敢回家找父母要钱买冰棍。为啥？你试试大中午叫醒睡得大汗淋漓的父母要钱是会得到两巴掌还是三巴掌？

可是冰棍那可口的味道让我们实在难以抵挡诱惑。于是其中一个稍大一点儿的男孩子眼珠子骨碌一转，停在了有些许锈迹的那辆货车上。

“要不？咱们弄两个零件去卖？”

“唔。”当时我和另一个女孩儿一个劲儿地摇头，跟拨浪鼓一样。

“哈哈哈哈，哎呀，就说你们女生胆小。真是的，没意思。”有几个胆大的就开始嘲笑我们。

“卖！反正都没人，我们先把东西撬下来放那屋子里。”那个提议的男孩儿努努嘴，指向了那个废弃的大屋子，继续道，“然后我们就合伙拿去卖，看有多少钱然后平分！”

“好！”那群男生说干就干，已经开始三三两两地爬进了车里面，看到能撬的零件就撬了（是撬那些有锈迹的零件）。我和另一个姑娘最后想了想，反正要死一起死！

干！

于是我们也顾不上不好意思了，跟着就去拆零件去了。到最后每个人的手上都是黑一块黄一块的，涂满了机油和汽油。清点了一下“成果”之后，运到了回收废品的地方，称重，算钱。十来块钱，算算人数，够了，一人一支冰棍，还多买了几包小零食。屁颠儿屁颠儿地就回到了那间废弃的屋子里，开吃！

那天的场景真真是记忆犹新，我突然想起鲁迅先生也说过他们偷吃罗汉豆的经历，还吃得挺香。虽然当时的我没有学过这篇课文，但是导致我后来学《社戏》的时候，朗读课文无比声情并茂，老师还以为我也偷了罗汉果。

但是突然有一天，我们正在玩耍的时候，却突然看到有人将那辆车开走了！我们几个吓得躲在屋顶直哆嗦，就差拜菩萨了。

司机叔叔你可千万别有事啊！我们祝您一路顺风，平安到家啊！下次您开车来我们坚决不去您车上撬东西了！我们是真心的！

好吧，我承认。我们确实够捣蛋！

但值得庆幸的是我们没有听到关于这辆车的任何事故，也算给我们这次捣蛋的经历画上了句号。

现在再来说说把鞋扔洗衣机里甩干的事吧。

还是那个夏天，还是我们那几个人。不对，多了一个小伙伴。我们当时好胜，说谁谁谁敢半夜一个人去上厕所，谁谁谁敢一个人从小路去学校（小路要翻过一座山）。

突然大家一听，就提议道："那我们去山上探险吧！"

"好，这主意不错。可以。"

大家三言两语地敲定了，然后就浩浩荡荡地朝山上出发。都说初生牛犊不怕虎，真是没错，放着好好的大路不走，我们非得从崎岖的小路爬上去，还深一脚浅一脚地踩到了农民伯伯的菜地。

我们到了山腰，已经爬得筋疲力尽了。抬头看了看，山顶还远着呢，于是干脆就在这里休息。恰好旁边有一条小溪，那群男生就把鞋一脱去小溪里捉螃蟹去了。我们女孩子就在一旁捡捡鹅卵石。

直到太阳快落山了才想起来回家。本来这时候就应该越快回家越好，但是捣蛋的我们，非得提议说什么从一条没人走过的小路回家。于是就悲剧了。

走到一半，发现没路了！前面是悬崖，大约有十几米高。我们看着已经快黑的天，再回头看看那被半米高的玉米秆子遮住的来时的路。这下真是前有悬崖，后无退路。另一个女孩儿开始呜呜呜地哭了起来，毕竟很晚了，再晚点儿回去就要挨骂了。

我看着悬崖中间有一颗歪脖子桃树，咽了咽口水。挣扎了好久，转头对大家说道："我们滚下去吧！"

众人都倒吸一口凉气，"你逗我们啊！"

“真的，我们滚下去，让那棵桃树拦住我们，这样我们就能下去了。再啰唆就天黑了，等完全看不见我们就惨了！”我属于干事特别利落的人，于是也说干就干。和最大的一个男孩子商量之后，他先滚下去，然后在下面接住我们。我垫底，负责将大家的方位对准那棵桃树，然后将他们推下去。

我最后下去的时候，天都已经黑了。在滚下去的瞬间不知道碰到了什么，咔嚓一声，我意识到我的脚崴了！

我当时看到那个眼泪还挂在眼角的女孩儿，硬是咬牙说没事，先下山再说。等我们终于下山之后，我才发现我的脚已经肿得老高了。

大家也才反应过来，必须先给我治疗脚。恰好有个男孩儿说他会用酒精揉，这样会好得快。我看到酒精必须先用火烫过，然后趁烫敷在我脚腕上，就开始一边挣扎，一边鬼哭狼嚎。终于弄完回到家，我发现父母还没有没回来。刚松了一口气，低头却发现鞋不知什么时候被泥土裹了一层又一层。

这要是被妈妈看到了我不被好好教训一顿就怪了。于是我慌慌张张地把鞋拿去洗手间洗干净之后，又想到湿的好像也会被母亲大人毒打一顿。再于是，机智的我就将鞋扔进了洗衣机甩干。还别说，真的就甩干了，我还怕鞋比衣服硬，甩干不了呢。

从此以后我就多了一个技能。妈妈叫我刷鞋的时候，总是能在极短的时间里惊讶地收到我返还给她的鞋。

最后是纽扣，纽扣的事件纯属意外。当时那个男孩儿是全校公认的帅哥，但是我当时好像大脑反应迟钝，没有任何感觉，反而和他各种不对眼。

甚至我们有次直接就打了起来，我不小心把他的纽扣扯了下来，然后我也捂着门牙跑了。整个中午我都在生气，怎么会有这么小气的男生，不就借了一块橡皮可是忘了还了还顺手扔进了垃圾桶吗？

生气的后果就是下午去学校的时候，竟然把校牌忘在了家里，恰好当时有个学妹生病正准备回家，于是我就将纽扣和她交换了。现在想起来还挺不好意思的。

其实想想，那个时候的自己真的是有够捣蛋的。不过，我才不会告诉你们，现在的我还会将姜夹给我弟弟，然后极其温柔地告诉他，放心大胆地吃吧，这是土豆丝！

哈哈。

随风浮沉

水 雨

最近接了个家教的活儿，对方是个初一的女生，齐刘海儿，娃娃头，长得很可爱，口头禅“我是一个Boy”，经常以逆天的态度挑战我的忍耐力。辅导她作业的时候她嘴里总会冒出无厘头的话来，比如，“老师啊，你知不知道我的网名是EXO哪个成员的名字啊？”我一边绞尽脑汁在想怎么讲才能让她听得更懂，一边还得自我调侃让她明白我不是那么难接近，我说：“阿姨都一大把年纪了，不追星。”

再比如，“老师，你今年几岁了？”

“十八。”

“啧啧，真老，我还以为你二十多岁了，现在大一岁都有代沟，何况大五岁。”

我在心里默叹，“00后”的小孩儿真是太逆天了，一句话能给我呛出一条皱纹，是的，我一直都觉得我很年轻，起码现在是，居然有人说我老！

看来，还是“00后”年轻无极限，我们这些“90后”早已死在了沙滩上。

我问过自己，你是不是真心喜欢这份家教，每天骑自行车去她家需要半个小时，而且尽是那种上坡路。虽然只是补习一小时，但是6点从学校出发，总会早到半小时，晚走十几分钟，晚上回宿舍时已是9点多，还是很累的。但是，我知道，我是真心喜欢这个孩子，初一的单纯和率真，常会让我想起自己初一时莽莽撞撞的模样，这种感觉就像和当时的自己在一起，很美妙。

我曾经给她发过这样一条QQ消息，我说："我愿意把你当成我未来的孩子来呵护来教育，不管你以后遇到什么事情，只要我能帮到的一定帮。"点发送后我就后悔了，呸呸，我在说些什么东西，怎么这样矫情啊！想起第一次与她见面，她关着房门死活不开门，我和她妈妈在门外面面相觑，我知道，她这是在用自己的方式来面对我这个没有经验的家庭教师，虽然很难过，我还是对自己说，没关系的，用心即可。

熟悉之后，我承诺她："要是你这次考试能过六十分，我就送你一双鞋。"她开心地点点头，说着好啊好啊，然后低下头，失落地说："好难啊，我肯定过不了。"考试前一天晚上，我给她发QQ消息，数学一定要认真看图，找到角与角之间的关系。她"嗯嗯"地回应，我吓唬她说："要是没过六十分，打死你。"然后给她发了一个生气的表情。"啊，你还是打死我吧。"她调皮地回应。

考试第二天中午，我收到她发来的消息，她说，这次数学肯定过不了六十分，好多都没有写。小丫头这样说让我觉得好感动，是的，起码她认真地去写试卷了，也许她的努力很微小，但是在我的眼里却是最重要的事情。

我回复她说："没关系，晚上给你分析分析。"

所以你看，"00后"拥有的不全是逆天的个性，他们还有单纯和努力。

我想我一定会让她很自豪地说："我有一个很酷的家庭教师。"

我们可能真的没办法过我们想要过的生活，得到我们想要的成绩，但是没关系，只要在路上，在努力的路上就好。

情　绳

随　宜

好些日子不得闲，一直忙。也就是一赌气的事，不去想未完成的一堆任务，抽了本简媜的散文集，就不管不顾地看了起来。书是以前就看过，但念念不忘着要重读。她的《以箭为翅》，掩卷最后一篇是《渔父》，她写她父亲，我却想起奶奶。

三岁多的时候是奶奶带我。父母都不在身边，因为母亲怀了孩子，两人去了上海。我还太小，自是毫无印象的，却始终记得一个梦境一样的黑白默片。

是有一日在祠堂门口的长椅上跟奶奶晒太阳，我在奶奶怀里睡眼惺忪。午后的阳光安安静静、暖洋洋的。有人对着奶奶说了什么，奶奶就笑着捏我的脸，嘴里咿咿呀呀地念叨什么，像是喜事。

我睁着眼睛，嗅到阳光里飞舞的轻尘，空气温热平淡而绵长。

那是个安静但欣喜的日子，我挣脱奶奶的怀抱，挣脱她粗糙温暖的手，颤颤巍巍地走向来接我的母亲。回身望，奶奶还在原地，爱怜地看着我，轻尘在阳光里纷纷跌落，我的手里尚留她的余温。

母亲说奶奶“是个明事的人，也是个脾气古怪的人，但她疼你呀！那么老了，有一次还为你掀桌子呢”。母亲有日絮絮叨叨地跟我讲：“你爸爸生闷气，在饭桌上见你不顺心就朝你撒气，把你骂哭了，奶奶砰的一声拍了桌子，然后把饭菜一推，那些瓷盘哐当碎了一地。”

我哈哈大笑起来，觉得爸爸的血性果然一脉相承。

后来她就生病了，缠绵卧榻。她中年丧夫，一个人为儿女们操碎了心，躺在祖屋的大堂，空空荡荡的，只在中间摆了张床。我依然幼小，什么都不明白，用力推开那扇厚重的木门，然后探头进去，里面黑漆漆的，房梁很高，有一种逼人的空间感，渗着寂静的寒气，没有烟火气息。

我有些怯懦，往后缩了缩，身子的另一半还站在屋外灿烂的日光中，不敢抬脚。我怯生生地喊："奶……"她在里面动了动身，回应我几声呢喃的语气词，我就放了心，跨过高高的门槛，近了她的身旁。

她盖了好几层厚被，都是藏青色的料子，散发出老人特有的气味，我依然有些害怕，但那是奶奶呀！于是拎高手里的保温瓶，邀功似的告诉她："奶奶，快吃呀！饭还热着呢！"

她已没有精神回应一个小孩儿了，兀自躺在那里，闭着眼睛。我还幼小，踮起脚来看她，视线刚好没过床沿，看到她瘦削苍老的面容。那就是我奶奶，却已怯怯地觉得陌生。

我竟也记不清她是在什么确切的日子去世的。只记得自己还是个孩子，或许是学前班。我穿着素衣，姑姑亲手剪的白花戴在头上，叩拜在祖屋门前，一步一跪，或是三步一跪。唢呐声声声厚重，我幼小的心，只觉虔诚。

读高中之前，每年的清明都会参加扫墓。爸爸妈妈，伯父伯母们加上一堆小孩儿，浩浩荡荡。

一年的时光，野草疯长，大人们忙着砍伐四周的杂草。母亲让我烧纸，她说："你要告诉奶奶让她保佑你呀！"我停了手，不知该怎么办。母亲蹲下来，往火堆里放香纸，一个人嘟囔："要保佑你孙女考第一名咧！保佑她平平安安学习进步咧！保佑她将来考上大学咧……"

哦，奶奶还佑护着我吗？我虽然半信半疑，却也学着妈妈的样子，朗朗地说了起来："奶奶，你要保佑我考第一名哦，还要考上大学……"太大声了，大家都回过头看我，笑着说我最听话。往后的每年，像是成了惯例，我在奶奶墓前，都会真真切切地呼唤："奶奶，你要保佑我啊……"像是执拗地要奶奶履行这个约定，于是年复一年不忘提醒，却也是真的神明庇佑，就这样平平顺顺地长大成人。

后来读高中，清明没办法回家，父母也搬了家更添不便，我于是再没机会去看奶奶。过年的时候烧香烧纸，妈妈又教我："我们搬了家，奶奶不一定找得到。你要告诉奶奶，你在这里呀！"我是这时才意识到奶奶找不到家这件事情的严重性，于是边烧纸边朝着门外的天地呼唤："奶奶，奶奶，我是你孙女咧，我们搬家啦，你不要不认识路呀，奶奶，奶奶……"

母亲供奉了糍粑和丰盛的酒食，纸烧尽了，就要往屋里端去。我有些急，只能在心里默默地喊："奶奶，快来吃啊，还热着呢。"然后就似乎看到牛鬼蛇神本来站在一旁觊觎这新烧的财产和香甜的美食，却在我的叫唤声中惊慌而逃，而奶奶颤颤巍巍的，从远处迷蒙山景里现身，朝我走来，朝她的亲人走来。

怎么会不认识路呢？我和爸爸身上流淌的是她的血脉，这么多年来她一直竭尽周全佑我长大，保我平安！而为人子孙，的确无以为报，只能轻声地叮咛——奶奶，饭菜都已做好，趁热吃啊。

女汉子的玻璃心

二　笨

一向其貌不扬的安书呆这回在元旦晚会上爆了个大冷门，以一曲《父亲》迅速走红全校。

这厮站在舞台上捧着话筒斯斯文文挺像是那么回事，可一下舞台就来了个四川变脸，啰啰嗦嗦活像个铅中毒患者。

“我的神啊，我的小七啊。”安书呆此刻大脑充血、神经紊乱，浑然不觉他的开场白有多惊悚，但我可是个听觉中枢与反射器官都健全的正常人啊，一听这话立马吓得汗毛倒竖，“停。咱能有话快说有那啥快那啥不，我这边还赶时间呢。”

“成！”安书呆从善如流，老实巴交地冲我点头。身体微微前倾，双手合十呈作揖状，再加上那对忽闪忽闪的大眼睛，仿佛我家汪仔正摇着尾巴楚楚可怜地向我讨东西吃……打住，可不能再往下想了。我用力甩甩头，试图把那些乱七八糟的想法都丢到九霄云外去。

“啊？”安书呆一个华丽的升调。嗯，或者说是惨叫。把我游离太虚的三魂七魄吓得纷纷归位。可他似乎觉得还不够，两手抓着我的肩膀可劲儿摇，“你为什么不答应！为什么、为什么、为什么、为什么不答应！”

“呃呃呃……”我突感胃中翻江倒海，再这么被他摇下去迟早得把昨天的夜宵都吐出来，“你放开，你说的都是什么和什么啊，什么我就不答应你了？”

“那你就是答应了！”安书呆扭捏地挠挠后脑勺，脸上迅速浮现出一丝微红、桃红、粉红、姹紫嫣红等一系列表达羞涩的神情。而后别别扭扭地从身后掏出一个粉色礼盒，别别扭扭地塞到我手里，别别扭扭地开口，“明天是左左的生日吧，你帮我把这个给她……哎，你可别误会，我就是感谢她而已，要是没有她的鼓励就没有我的今天……唔，反正你给她就行了。一定要亲手交到她手里啊。就这样，拜拜。”

安书呆这话说得特莫名其妙，而话还没说完，人就跑得比兔子还快的行为就更莫名其妙了。我掂了掂手里粉红色的礼盒，再想想左左那以我的文学水平根本形容不出来的花容月貌。低头苦笑，安书呆的司马昭之心，只怕是路人皆知了。真没想到原来书呆子也爱大众女神这一款啊。

可是……等等，一个不甚美妙的想法跃上我的心头。如果说安书呆真的喜欢左左，又托我把礼物送给左左，那岂不是要逼我亲手给心上人和情敌牵红线？！

是的，你没有看错，本女汉的心上人，就是刚刚那位温柔得像个女生的安书呆。想到这里，我无语凝噎。

安书呆的曲线救国表白行动终是如同肉包子打了狗，没见一点儿回头。当然，这可不是本人不厚道没将礼物送到，而是他的追人方式实在是太落后。左左是何许人也？那可是见过大世面的。撇开才情性格不谈，单是那不施粉黛却依旧清秀可人的脸蛋儿，也足以使她在我们这堆歪瓜裂枣、庸脂俗粉中鹤立鸡群了。自小听情话听到麻木、扔情书扔到手软的左左早就在众多花花粉粉中练就了一颗七窍玲珑心。安书呆的心意尚未说出口，就被那个拆都没拆过的礼物打了回来。

“你说她为什么不收我的礼物啊？为什么、为什么、为什么啊？好歹拆开看看也算人情啊。”感情受挫的安书呆尔康附体，对着桌子上的过桥米线一把鼻涕一把泪。我瞥了一眼他碗里一点儿辣椒都没有的米线汤，默默递上一张纸巾，“唔，大概她最近比较忙，没时间拆礼物吧。”

“那你的意思是说……”安书呆止住眼泪，顶着两只红通通的眼睛望着我，“她只是没时间所以没注意到我送的是什么，我还是有机会的对不对？”

……你从哪儿得出的这奇葩结论？我拿起筷子继续吃饭决心不和这呆子辩论，以免别人分不清我俩谁是呆子。可已完全沉浸在自己的小世界里的安书呆可没打算就这么放过我，一直在我耳边喋喋不休。

“小七啊，你说我要不要趁热打铁，再送一次？她看我这么诚心，一定会很惊喜。”

是是是，很惊喜。以你的追人方式，我相信左左一定会回你一份大惊，对不起，没有喜。我在心里嘀咕，顺手夹了根米线放进嘴里。

“小七啊，你看我要不要在礼物上贴个什么左左喜欢的图案？我琢磨着上次没成功一定是礼物外形太普通了，导致她根本不知道是我送的。”

得得得，你就算把自己拍成朵花贴上去，估计人家也不会多看你一眼。我抄起勺子，准备喝汤。

“哎呀，也管不了那么多了，反正我和左左有共同的秘密，就凭这点，我必然成功。”

“噗——”我终是没能抵挡得住安书呆的惊人之语，顾不上自己还在咳嗽，忙让他给我说清楚，“瞎说，你和左左能有什么共同秘密？”

“嘿嘿，你不知道。”安书呆隔着桌子探身过来，笑得神秘兮兮，“咱们学校那个除了市里检查几乎没人用的教室你还记得吧？上周末我在那里练这次晚会要唱的歌，练完要走时突然发现左左她正站在窗外看我。我练得太投入，也不知道她到底在那里站了多久。”

“哦，这样啊。挺好挺好。”我嘴上应和着，心里却在吐槽，这算哪门子共同秘密？

“她说她只是回来取落在学校的东西，听见有歌声，就过来看看。可是我不信，那地方那么偏僻，谁会没事到这儿来，她一定是来看我的。”

……典型的自作多情，我都有点儿不忍心打击他了。

“其实，”安书呆突然把头偏向一边，像是有些不好意思，“那个教室就像我的秘密基地，我之前常常在那里练习写毛笔字。”

“而那时，我总会觉得有人在窗外看我，有人陪伴的感觉很好，于是我一直也没在意。后来有一天，那人不小心弄出了些声响，我问谁在那里，却没有人回答。直到那天，我才知道，原来，那个人是左左。尽管她否认，可我知道，那人一定是她！默默陪伴而不张扬，这一定是个很文静很懂事的女孩儿。我也是从那天开始觉得，我是有些喜欢她的。”

是这样吗？我不置可否。

我决定再帮安书呆一把。个人感情纠葛是小事，为兄弟两肋插刀才是大事。更何况，以安书呆那智商，他根本意识不到我喜欢他这一事实。

之前一直忘了说，左左虽然对待男生都高贵冷艳，可在女生圈中还是蛮吃得开的。本人不才，虽然顶着个“女汉子”的称号，却也算是个女生，与左左的关系也相对不错。这样一来，大忙我帮不上，没事向她吹吹耳边风什么的还是可以的。于是在我第一百零一次冲左左夸赞安书呆有多么多么好时，一向优雅文静的左左终于爆发了。

“我和他说过多少遍我不是什么窗边人了，只有神经病才会天天去看他写什么毛笔字。小七，我拜托你现在就去和他说清楚，叫他不要再烦着我了。否则，友尽。”

当我把这话一字不落地转达给安书呆时，他居然很奇迹地没来个西子捧心再对我大哭一场，只是轻轻地“哦”了一声，眉眼里写满失落。由此可见，千锤万凿方出深山是有道理的。

“行了，行了，你要是不甘心，我就再去试一次。”好吧，我承认我还是很见不得他这副委屈的模样。

“算了吧。”

“啊哈？”

“就这样算了吧。”安书呆转过身，一步一步慢慢向楼上踱去。我知道，那个方向，是他的秘密基地的方向。

我一直都知道。

已经记不得是多久之前的一个周末，我被老师叫到学校帮忙整理试卷。等我将试卷上的分数一一誊好后，已近黄昏。我闲来无事，沿着学校的楼梯蹦蹦跳跳地等老师回来验收成果。也不知道我为什么会去那个偏僻的教室，就像那里有什么在吸引我一般，等我回过神儿来，人已在窗边站定。

屋子很大很空，甚至有的地方还积了薄薄的一层灰尘。可屋子里有一个人，一个正在挥毫泼墨的人，从我的位置仅能看到一个身着校服的清秀的背影以及桌子上墨迹未干的诗词。

落日的余晖模糊了那少年的轮廓。我忽然有点儿紧张，连大气都不敢出一下，生怕惊扰了这宁静的气息。

之后的我，就像着了魔一般，每天放学后都不回家，而是要先到那个窗口去望一望。看那个少年还在不在，那副动人的场景还在不在。

还好，他在。

那日，我因事耽搁了一些时间，去得比较晚。步子迈得大了点儿，一不小心踢到了门口的杂物。那少年应声转头，我条件反射般地抱头蹲下藏了起来。我听见，他问：“谁在那里？”

这个声音我认得，是他！我双手紧紧地捂住嘴，努力不让自己发出一丁点儿声响。好在，他也没有走过来。

可是，这样真的好吗？

“喂，死书呆。要是哪天你发现那个什么窗边人，呃，也就是左左，根本不是你想象中的那样淑女文静，你还会喜欢她吗？”

“怎么会？她本来就是个淑女呀。”

“我是说如果！”

“哎呀呀你说话小声点儿。嗯，如果是那样的话，大概不会了。”

“哦，是吗？呵呵，反正左左对你的口味，你就不用担心了。”

“哎哎，别拍我肩膀。小七啊，女孩子要内敛矜持。好好好，那你下手轻点儿啊……”

我决定放弃安书呆。准确地说，是放弃那份非分之想。我想过了，就算我穿上连衣裙和高跟鞋，也不可能变得像左左那般精致优雅。江山易改本性难移，若我真为了投安书呆所好将自己改造成左左那般模样，那也就不是我了。不是吗？

只是，有时一个人安静下来，我还是会偷偷地想：如果那天，我没有捂住自己的嘴而是回答“是我”，那结果会不会很不一样？

我想当一回你的天使

一直想要变得更强大的你，不愿意被重男轻女的家人看扁，不愿意被男生欺负，你希望让男孩子们知道，女孩儿也可以不需要别人的帮助到达被人仰望的高度，也有能力保护自己重视的人。可是你知道吗？今夜翻开陈旧的信件，看到你用文字讲述和男生打架却不认输、不落泪的场景，想象着远方倔强的你，我多想可以抱一下你。告诉你，你并不孤单，千山万水之外，还有一个我在深夜思念你。

哪里还有第二个你

惟　念

雨伞君：

这是酷热的夏夜，寝室里只有一台小风扇在吃力地摇着，我热得像个兔子似的坐在阳台上，希望有一阵凉风吹过。目之所及，尽是葱绿的草藤和暗黄的土丘，学校的围墙外还有铁轨，火车的轰鸣声常常把我从浅浅的梦里吵醒。

几分钟前，我在一个旧友的空间里看到高中时期的照片，那些影像里的很多地点，我们都一起去过。比如那个跑道是四百米长的操场。

你还记得吗，我们第一次争吵就是在高一运动会。那会儿我给你写的信被好事的女生拿去，她们看完后就开始对我指指点点，我整个人都像是刺猬，理智已经飘到九霄云外。身边打抱不平的小姐妹们二话不说便拿出一张纸，一人写一大段火药味十足的话递给你。你脸色铁青地离场了，后来找到你时，发现你竟然哭了。

那一年，我们高一，十六岁。

出乎所料，我们的关系在这场风波之后竟然变得愈发坚固亲密，两个人说的话越来越多，写的信积攒了一沓。你开始不怕丢脸地让我帮你写作文抄作业，我也开始正大光明地要你给我买零食，美其名曰犒劳费……

你真是耀眼的人哪，眉清目秀笑容温暖，喜欢看书听小众歌谣。

对陌生人有轻微的戒备心话不多说，在熟人面前立刻变成话痨。

雨伞君，大概你都忘了吧，我们曾一起度过了一个下着瓢泼大雨的白色情人节。

彼时徽城的3月气温仍然很低。你在午休的时候约我去逛街，两个人撑着一把伞，在茫茫大雨里慢慢前行。我们一路上玩笑打闹，雨水把两个人的衣服都浇透了。当晚我把开心的感觉都写进日记里，那个封面超可爱的本子是我特意选来准备写到最后一页就拿给你看的。就是一个星期前，我在家翻旧书，还看到透明的袋子里装着四本写得满满的日记本，可它们最后的命运也只是被积压在落满灰尘的书堆里。

有些话当日没说，那以后就不要说了。

“和你待在一起的时间就过得好快呀，你答应给我带苹果吃的，我不会忘，希望你更不会。”

“今天看到两个女生拿一大包东西给你，你在跟她们说话的时候一直看着我，可是没有叫我。你之后说是你初中校友，但我不相信！浑蛋！”

“原来你不是没有喜欢的人，只是不想被我们知道，但还是从你留在草稿本上的画里看出来了。我正式失恋了，其实根本没开始过，只是没有了继续喜欢你的理由啦！讨厌。”

这些话满溢着少女鼓鼓囊囊的情愫，被记录下来，却再没有第二人看到。很久之后，当纸张变黄字迹模糊了，当初写下它们的女孩儿只是胡乱地看了一眼，就忍不住鼻翼发酸。

故事说到这儿，所有人都看得出来，我是个掩耳盗铃的大傻瓜。

从我十六岁那年你就长久地驻扎在我的生命里，随着时间的推移变得愈发美好，我还是那个连一句狠话都不敢跟你说的懦夫。

也许我还会认识幽默风趣英俊的男孩儿，可我一定不会再给除你之外的人，写那么多长信和日记，也不会一片片捡梧桐叶，洗干净后送给他做书签，更不会因为他随口的一个愿望，就拼命努力只为换得一个笑脸。

雨伞君，你在上一通电话里跟我约定，等空下来就带我吃火锅陪我聊天。希望这一次，你不要再放我的鸽子。我只是想再见一次，往后对思念便绝口不提。

我尚未见到这个世界上所有的大洋，就不必留恋最初的那片海域。

喜欢了你四年的傻瓜

于失眠的孤独夜晚

隔了一座山的少年

唐　糖

我家和他家隔了一座山，山的这一边是我家，那一边是他家。沿河水清清绿草茵茵的田间小道走长长的一段，再爬一条石板小山路，过了山坳就是我家。

初中时代，一星期回家一次，我总从他家门前走过。他有时跳到围墙上，蹲着看我走过。我故意走在同伴身侧挡着，都不说话；有时不见他人，屋里有歌声源源流出，已经不记得是哪一首了；有时院子里站着个男人，笑吟吟地说："进家喝茶吧，妹妹（大人对孩子的昵称），你的同学安，在家的。"知道是他爸爸。

我还是那么礼貌地拒绝掉，也还一个笑笑的脸。

只有一次，他与几个同伴跑到山脚下一墩大圆石上等着。几个男孩儿并不跟我说话，却是嬉言笑语逗我的同伴。我们隐入荆柴里的小路去，身后是飞来的泥团砸树木的簌簌声。

便有一年冬天，约了中学里的外乡同学去我家，绕了大道。他也来了，带个比他稍矮的堂弟。他心里爱恋着同学中的一个，我们知道的。

爸在家里烧得炭火旺旺，妈推石磨，磨出一缸豆腐白白，守着门口等。

到家，暖和过后，我和女同学躲回房里。晾他俩在厅，听爸寒暄。他走时便不送。

又有一回他问："你小时候是不是叫唐雪花？我来过你家，借了一张CD——记得吗？那时你好小，好漂亮的！"

我慌了，大喊："不是！我小时候最讨厌你们村的小孩儿！"然而心里，又听到了儿时那一声声"唐雪花"从半山殷殷切切飘下。我远远地看了又看，却是从不应的。

期中考试，晚上不晚修。宿舍楼前大悬幕布，放露天电影。教室里的我，耳机塞了两耳朵，大唱新学的《Tomorrow will be better》。抬起头才看到他满脸愠色："吼什么吼！"

初二了，同伴毕业的毕业，坐摩托车的坐摩托车。于是陡陡的山路，也只有我孤零零地去爬，再无人陪。冬天，天黑得早，到他村时夜已暮，走完他的村子，过小路，天越来越黑，林边萧萧瑟瑟，山下鸟声惊人，心便存了那么一点儿幻想，也许他等在前头，也许我的身后，有他怜惜的目光，默送我爬完山坳。

冬天过去了，并没有等到。

该发生的故事没有发生。

春天来了。

去上学，过了他的村子上了山路，人在半山腰，听到摩托车声，听到有人在山下叫："唐！唐！下来坐我车去！"

又走了几步，便回头了。

路上，他急急地问："你是不是隐心，隐心是不是你？"我答他："不是。"再问："那你知道隐心是谁吗？"再答："不知道。"

又一次闹了大大的别扭，半个学期视而不见，迎而绕路。四目再不相对，两口再无一言。

后来学校的广播天天放《为你写诗》。后来便在某一课本里发现了一页纸，是一首诗，诗名：为你写诗。慢慢看过，慢慢折起，仍然不说话。

后来便是一张球台上，忽然发现另一端是对方。看了山长水阔的一眼，冰释前嫌。

冰释前嫌，遂成义气兄弟。

中考后，我到了另一个城市上高中，他留在县城职校。不再联系。

新年在寒寒的冬天来临。

接到一个电话。电话里的人说：“我来你家玩，可以吗？”

一辆摩托车，仍载了他的堂弟，他来了。却在对面公路上停着，不肯来家。

妈妈出来喊：“安，进家啊，进家暖暖！”

仍然不肯，定要我过去。我便换上我新学校的一套校服，风一样飞到他跟前，大拍他肩膀，眉弯齿笑：“兄弟，你来了！”

坐上他的车，去另一个同学家，路上又约一男同学。

傍晚，逃掉同学父亲的热情晚饭，走了。夜色凄迷，他把我送回家。

高二，不时打来电话。像大口喝酒的兄弟，我们说话，声声豪爽，句句痛快。

终于有一天，他说：“可不可以，做我的白雪？”

我笑：“哈哈哈！我是卖红苹果的呀！”

高三，不再与外人联系。便似乎断了人情脉息，昨日种种已为陈迹。

冬天又来了，高三的冬天似乎特别的寒冷。

一次心血来潮，便去信息：“今年过年，还来我家玩吗？”

“如果你请，来！”

“好，准备热烈欢迎，但是，请带上女友一起哦。”

“为什么？”

“不然，我怕我妈要误会。”

久久的沉默。

“误会，不是更好吗？”

冬之声，在窗外啸得更厉害了。

我想当一回你的天使

天　蓝

恋雪：

入秋了。夜里飘来的风，带着几分凉意，头顶上的星辰，稀少却不孤单。我在这样的夜里，回忆我们一起走过的似水年华。

不知道你看到这封信的时候，是否和以前一样兴奋，抑或觉得唐突？毕竟你上高二以后，我们就再也没有信件往来了。

也许在这个夜里，所有的文字都会因思念而变得单薄，但是，那些心中埋藏已久的话语，依然只想说给你一个人听。

我曾经说过，给你写信不需要文采和格式。可是那时候的我没有告诉你，因为每次执笔书写，笔端都会因为凝聚了太多的语言而变得沉重，思维也会随之凌乱，比如现在……唉，初二的毛病到高二都没有改变呢……哦，让你看了我乱七八糟的呓语这么久，真有点儿不好意思。

你说你把我们的相识告诉了你的一个好友，她说我们是被缘分牵引到一起的两个女孩儿。我很喜欢这个说法，并且一直相信着。

茫茫人海之中，十五岁的我居然那般轻易就给一个在网页上聊过几句话的人留了通信地址，还自信满满地告诉自己，一定会收到一封来自远方的信。你为我的单纯纳闷儿了很久，用你的话说就是：世界上怎么就有这么容易相信别人的人呢？

可我就是那个在世界上轻易相信你的人。这点连我自己都想不明白。

在你面前，我放下了所有虚伪的面具，我的忧伤、我的烦恼、我的脆弱唯有你知道。只是我从未告诉你，在那个在他人面前伪装坚强的花季年华，你不是第一个听见我在电话另一端哭泣的人，却是第一个听完我抛开面子哭着讲心中苦闷的人。

如今想起那个抱着话筒哭泣的晚上，才发现那时的自己多少敏感了吧，还总想找一个让自己安心的树洞，倾诉心中的烦恼，而你正好在这个时候走进了我的生活。那时，让我难过的不过是成绩不好、与朋友闹翻这样的事情——微不足道，却足以让年轻的自己伤心许久。或许这就叫年少吧。

而转念一想，你怎么会是树洞呢？你就像你写给我的那个故事中的天使一样，一个会在他人忧伤的时候出现，给予他人温暖、安慰和鼓励的天使。

于是，你成为第一个听我诉说那些别人听了认为可笑而我却很认真地称之为“梦想”的事情的人，关于考试、文字和人生的呓语，与年华有关的故事，与时间同眠的美好心愿，那一刻在心中的信念，就这样被一笔一画地写在纸上，然后寄给远方替我收藏的你。

我始终坚信，你一定会小心地保护我年少的梦想与信仰——不管它们是否仅是少年时代的狂妄。

我心中一直有着满满当当的梦和希望，可是始终敌不过现实的力不从心。面对一次次考试的失利，我几乎绝望。然而你的来信，却支持我走过那一路荆棘。你说你要出国，那里有你的梦想和渴望的自由，你说你不喜欢父母为你安排的路，你说你一直认为命运不会掌握土地，小草钻出地面是凭借自己的力量……看到你对梦想的执着和坚持，我的心中开出了一朵名为“勇气”的花儿。

我至今都没有忘记那个属于我们的0.01%奇迹呢。那个我们约定的信仰，那张印着你的字迹的纸片，我一直好好地珍藏着，我想你一定记得那时的你这样写道：

“如果你遇到一件知道失望率达到99.99%的事，不要放弃，我给你去创造那0.01%的奇迹！”

我一直没告诉你，其实有你陪伴的那些日子，便是你创造的奇迹。因为有你，追梦的路上我不再形影相吊。

如今，看着在年华里慢慢老去的自己，仍然觉得你就是那个守护我的天使。哦，我看呀，粗心的你早已忘记了那个天使的故事了吧？

没事没事，我讲给你听好了：每个人都有一个守护天使，这个天使在你太悲伤、太难过的时候会化身成为你身边的某个人，可能是朋友、父母、陌生人……他们会给你留下一段快乐的时光，然后不动声色地飞走，当你想起和他一起的日子，便会觉得幸福。而那个天使，则回到天堂默默地为你祝福。

当成年的我再次展开写着这个故事的信纸时，一层淡淡的雾气覆盖了双眸，这个故事，是否就是我们失去联系的预言？

当我拨动那串曾经给我温暖的电话号码时，听到的是一个生硬的女声：“您拨打的用户已停机。”我给我所知道的你所有的网络账号留言，换来的是一次次失望。我曾经以为我们可以一起互相扶持走下去，至少走到都上了大学。可是，现在的我却只能在远方想象着你一个人面对兵荒马乱的高三。

一直想要变得更强大的你，不愿意被重男轻女的家人看扁，不愿意被男生欺负，你希望让男孩子们知道，女孩儿也可以不需要别人的帮助到达被人仰望的高度，也有能力保护自己重视的人。可是你知道吗？今夜翻开陈旧的信件，看到你用文字讲述和男生打架却不认输、不落泪的场景，想象着远方倔强的你，我多想可以抱一下你。告诉你，你并不孤单，千山万水之外，还有一个我在深夜思念你，用专门买来给你写信的纸，执笔为你书写，纪念青春路上的繁花似锦。

我无法给此时正在远方念高三的你什么帮助，但请你允许我当一回你的天使，在另一个角落守护你，默默地为你祝福。

天蓝

如果有明天，祝福你，亲爱的

旺 发

那天，突然接到阿丁的电话，她在手机那头含糊不清地嘟囔道：“你这个家伙，害我哭得好惨！”我表示无语，原因是她听了我强烈推荐她去听的一首歌——筷子兄弟的《老男孩儿》，更让我无语的是，我推荐她去听的时间是两年前。其实阿丁，我听到那首歌的时候也流泪了呢。

阿丁其实不叫阿丁，完整的名字是旺丁，很俗对不对？不只是这样，还有更俗的，比如旺发，旺财。“阿发，不知道阿财现在怎么样了？”“潇洒如她，应该过得比你我都好吧。”“也对，像她那种没心没肺的人，电视里都有总结啦——果真毕业即是分手。嘿，你说咱俩咋就这么遇人不淑呢？”“可能你八字带衰吧……”“滚！”

我跟阿丁相识于初一开学第一天，她是我的前桌。其实我在小学六年级的时候就知道这号人物的存在了，因为有一回她的语文考试成绩是全年级第一，还因为她是转校生，更因为我是上次的年级第一。不过那会儿，我对她没有任何羡慕嫉妒恨的成分存在，只是单纯地希望认识她。直觉告诉我，我们将会成为不错的朋友。后来我将这种心理总结为“识英雄重英雄”。事实证明，我的直觉是对的，又或者说当你愿意首先释放出友好的信息给任何一个陌生人，尤其是两人都面临同一个陌生的环境时，应该都能轻易建起友谊桥梁的第一块砖。

我们相知于开学后的第三天，相逢恨晚于第四天，速度之快让所有新同学都误以为我们是相识许久的老朋友。无独有偶，不久后我们的两人世界里又多了一个人——阿丁的同桌。那时，S.H.E正火，我们三个人不约而同地喜欢着她们的歌。在课余时间，我们会躲在教学楼后面的那小块空地放声歌唱，偶尔会有路过的学生对我们行注目礼，亦是充满自信的大无畏。然后，我们三个人便傻乎乎地做着同一个梦，等我们再长大一点儿，我们要一起去台湾，要唱歌给大江南北的人听，我们还要住在一起，养好多好多流浪猫、流浪狗。当时那个热血澎湃，恨不得立马把哆啦A梦的时光机抢了过来，直奔十年后。

没有时光机的我们依然快乐，我们充满期待地张罗着团体的名字，还商量着每个人起了一个现在看来根本叫不出口的英文名字，那时知道的英文名只限于课本，其中就属“露西”跟“莉莉”的出镜率最高，这都被我们一致否定，后来就各自翻课文找喜欢的英语单词做名字，并最终敲定用R.S.T做团体的名字。光起英文名不过瘾，还起了动物系列的，以及影响至今的“旺丁”“旺发”“旺财”。起名的时候乐乐呵呵，真要当着其他同学的面又开不了口。于是又衍生了新的沟通方式，每个人准备一本笔记本，在上面尽情挥洒，内容不限，题材不拘。然后轮番传阅，从最初的梦想，到家庭琐事、生活趣事、兴趣爱好、同学八卦，再到后来不得不面对的升学压力等等，包罗万象。不知不觉，关于“R.S.T”的那个音乐梦想渐渐淡出了我们的话题，现在想来还好这世界没有时光机，要不然当我们从十年后回到现实，可能都会被打击得一蹶不振。而当我们的满腔热情在现实与时间的作用下一点点冷却，多年以后，再想起的时候，或许会有丝丝遗憾，但更多的是会心一笑。

时光机从未见过，但时光片刻不停。转眼三个不知天高地厚的小女生已经各奔东西，在属于自己的轨道上走着。

曾经的梦想不见了，但梦想还会重生。就像《老男孩儿》那首歌唱的：如果有明天，祝福你，亲爱的。

女中豪“洁”

亚小诗

高露洁是我中学时代的最后一位同桌，其实她姓徐，由于名字跟牙膏牌子神似，所以大家亲切地称呼她为“高露洁”。

高露洁绝非普通女子，她身材彪悍，性格爽朗，放在梁山，绝对是大口喝酒大块吃肉的主儿。

高露洁天生一副好嗓子，一开口就是大气豪迈的歌，从不玩小清新、文艺范儿。

我们学校元旦晚会在节目选拔上比较严格，初赛、复赛和决赛层层选拔才能上台。话说高露洁在初赛时献歌一首，副歌部分都没唱完，老师就说：“好！你可以回去准备上台了！”这多厉害啊，这就相当于超女海选直接晋级的PASS卡啊！事后回忆起这件事，高露洁反倒忽略重点给我讲起了笑话：“你知道不？那评委老师私下跟我说，我唱功、台风什么的都很好，就是形象不好。这老师说话咋这么直接呢？哎哟，笑死我啦。”我却笑不出来，换作是我，这句话可能会让我受伤，她却很淡然。这大概就是她一直快乐的原因吧。

学期快结束时，学校组织所有师生为我校一名白血病学生捐款，据说他的病处于初期还能救，我们都想帮帮他。高露洁在捐完款后，掐指一算，说：“咱们学校大概能捐到十万，应该能帮他不少的忙，希望他能快点儿好起来。”大约一周后，捐款汇总表贴在了告示栏里，粗略地将各班捐款数加了一下，似乎十万的一半都没有。高露洁一气之下，把表给揭了下来，塞进口袋里离开了。她回教室用计算器把所有的数字重加了一遍，是的，只有这么多。那个晚上她心情很不好，她并不认识这个患病的学生，她就是觉得在生命面前，大家应该慷慨一点儿，哪怕一点儿。

我认识的一些偏胖女生，要么对自己的体重严格保密，要么给自己缩缩水，报个违心的数字。高露洁完全不同，她对自己的体重和鞋码直言不讳，即便这些数字让部分男生都甘拜下风，她依旧觉得没什么大不了的，她觉得，有些事情既然是藏不住的，不如让它暴露于阳光之下，这样活着才不累。她会笑着告诉你她外套码子有好几个X，会笑着告诉你喜欢的鞋子好多都穿不下，会笑着告诉你自己一辈子没穿过裙子……她就是这样，大大咧咧却真诚可爱。

当然，女中豪“洁”也有哭鼻子的时候。高露洁高度近视，理发的时候摘下眼镜，基本就看不清镜子里的自己，等她再戴起眼镜时，对发型十分不满意，当场就哭了起来，什么都不说，就是哭，把理发师吓得一愣一愣，又是道歉又是不收钱地把她请走了。后来，这一事迹被她自己添油加醋地讲为“省钱妙招”，真是让人哭笑不得。

高露洁没留过长发，短发造型常常给她带来尴尬。某次她上学校小超市，收银员姐姐盯着她老半天说：“问你个问题行不？你是男生还是女生？”

她和弟弟在院子里玩，一个路人对另一个路人说：“瞧这家多有福气，一对儿大胖小子。”

在杂志上看到一篇文章，讲的是一个穷男生的爱情故事，我们俩都挺有感触，于是，即便是晚自习时间，她也把杂志往后桌递，希望后桌的男同学也能看看。谁知后桌男生正沉溺题海不能自拔，把杂志放一边，说等会儿再看。高露洁气不打一处来，“几分钟的时间妨碍不了你考一本，你看不看？！”那男生被这气场震慑住了，只好看了起来，看完什么表情也没有，递还我们，继续做题。高露洁也不生气，继续把这篇文章传给别的男生，以同样的高压政策强迫别人立刻看……

她的偶像是李宇春，七年始终如一，她最大的梦想就是去看一场李宇春的演唱会。对此，常有同学打击她的审美观和价值观，别人说这些的时候，她会生气，但并不受太大影响，她说："很多人选择偶像的目的就是用来标榜自己的品位，我是俗人，没有什么品位，只知道自己喜欢就好。"这句话很打动我，是啊，一个偶像不能立马提升你的品位，攻击别人的偶像更不能让你变得多么高贵，而且，当一个人不带任何功利色彩、无任何目的去欣赏一个人时，这种情感是无论如何都不应该被嘲笑的。

她对欣赏的人从不吝啬赞美，对讨厌的人也从不抑制厌恶，所以，她的好友和仇家都很多。我常常很羡慕她，因为她活得一点儿也不累，像韩寒说的那样，不要在乎别人说什么，无论你怎么样，你做得好，做得坏，都会有人在背后笑你。

像爷们儿一样的高露洁疾恶如仇。

正义善良的女中豪"洁"，多想你永远保持这样，多想世界不让你失望。

拎着气球，上帝唤我孩子

羊拇指

我拎着两杯奶茶在十字路口等待芷谖的出现。

一辆摩托车飞快地向我驶来然后在我身旁停下。后座的女生扬起搭在男生肩上的手向我摆了摆。我认得，那个女生就是芷谖，但她又不像我认识的芷谖。

她跳下车，走到我面前，接过我手中的奶茶，略带歉意地对我说："安璐，对不起呀，我今天要和韩哲去看电影，我们改天再约好吗？"

我不知所措地愣在原地。

班里一直传着芷谖的绯闻，我从芷谖那里得到的是否认的回答。所以会在大家谈论芷谖八卦的时候暴跳如雷，然后吼上一句"子虚乌有"。有人笑我傻，说"芷谖都默认了，你解释什么啊"。

我没有理会。我是相信芷谖的。可是现在，那个叫韩哲的男生的突然出现，让我的相信变得一文不值。

放学的时候，我堵住芷谖的去路说要好好谈谈。

我理直气壮地质问她："你为什么要骗我？为什么全班都知道了的事你还故意瞒我。"

芷谖眨了眨眼睛，平淡地说："我以为你已经知道了，那次的

‘没有’也不过是随口应着。好了，韩哲还在等我吃午饭呢。拜。”

她洒脱地离开，一句“随口应着”和“拜”打发了我。我掰着手指一直在想，原来我们三年的友情敌不过你和他仅有的三个月相识。

后来是芷谖打破了僵局来找我的，但她只是因为，“阿哲快生日了，你说我该送他什么礼物呀？”

我面无表情地回了句：“不要陷得太深，你们的爱情是不会有将来的。”我学的是班主任的口吻。

她笑笑，说：“哟，你模仿能力还挺不错的呀！可是我一点儿都不认同后面那句话，我跟阿哲商量好了，我们要考同一所大学，在同一座城市过属于我们自己的生活，要赚很多很多的钱，一辈子吃喝不用愁。”

我想说她是无知的，但这句话没有脱口而出。

因为我始终没有弄懂，我到底是不甘于被冷落还是不爽于被欺瞒，又或者在担心她受到伤害。不过这些都不重要了，她从来不在乎我的感受。

有人说，别太计较，恋爱中的女人都有向白痴发展的趋势。

芷谖和韩哲的事轰轰烈烈地传进了班主任的耳里，班主任却把我拉去了她的办公室。老师气愤地问我知不知道芷谖的事，我口是心非地摇摇头，还神经质地冒出一句：“老师，那个男生其实是她表哥，我们班同学都误会了。”刚说完这话，我立马后悔了，紧捏着的手心早已冒汗。

但老师还是相信我了，像我曾经对芷谖的相信一样，就凭随口捏造出的一句谎言。

我不敢想象老师知道实情后会怎样，因为我无法像芷谖一样随意敷衍。

有时候不是你的谎言太漂亮，而只是你把别人的信任当作儿戏。

那天我们上体育课，芷谖因身体不适请假，我独自坐在树荫下背书。

我一眼瞟见了那个只有一面之“缘”的韩哲，他和朋友搭肩走过，好像在畅聊些什么。我索性闭上眼睛，捂住耳朵。

但有一句话我听得特别清楚，他们是用方言说的：“那个芷谖啊？我不过是玩玩而已。”

我立马抄起课本向韩哲砸去，紧接着气势汹汹地冲上去扯住韩哲的衣领，“有种你把刚才那句话再重复一遍！”

他极其不耐烦地瞥了我一眼，“安璐同学，原来是你啊，你都听到了呀，那你顺便帮我转告她吧！”

我眼睛瞪得很大，一股怒火填满心房。韩哲一把推开我，我重心不稳，一个踉跄。

最后只听到“砰”的一声巨响。

芷谖，你看，我用我的方式证明了我说的是对的。他真的不爱你。

芷谖约我去看电影，我爽快地答应了。

一桶爆米花，两杯奶茶，这样中断了很久的情景终于再一次上映于我的眼前。而她身边的那个陪伴者，由韩哲换回了我，她会不会有点儿失望呢？

电影中男主对女主告白的时候，我拉起芷谖的手，做花痴状，矫情地说：“执子之手，与子偕老。让我们两个没有恋爱可谈的女人一起慢慢变老。”芷谖狠狠地往我脑门儿砸了一拳。

她说：“去你的，我才不呢！我要看着你慢慢变老，而我一直年轻下去。哈哈哈……”

拎着气球，上帝唤我孩子
看晴天，万劫不复
我说我不要睁开眼睛
且听你，胡言乱语